高等学校新工科智能制造工程专业系列教材

制造执行系统技术应用开发

主　编　邢青青　牛首印　张晓萍

副主编　赵　峰　王　爽

主　审　尤凤翔

西安电子科技大学出版社

内 容 简 介

"制造执行系统技术"是智能制造类和电气类专业及其相关专业的专业必修课程,本书是该课程配套的实验课程教材,旨在锻炼学生的实践操作能力和综合设计能力。

本书以生产案例为载体,让学生体验真实的生产场景。本书根据工艺流程设计安排了九个实验,即构建系统使用环境、MES 系统软件配置、获取生产数据、创建基础信息、创建产品模型、创建工厂模型、实现生产工单下发应用、实现设备综合效率的应用、实现产品追溯应用。

本书可作为应用型本科院校智能制造类、电气类、工业自动化类专业课程的实验教材,也可供相关专业的工程技术人员参考使用。

图书在版编目(CIP)数据

制造执行系统技术应用开发 / 邢青青,牛首印,张晓萍主编. --西安:西安电子科技大学出版社,2023.6
ISBN 978-7-5606-6855-0

Ⅰ. ①制… Ⅱ. ①邢… ②牛… ③张… Ⅲ. ①制造工业—工业企业管理—计算机管理系统
Ⅳ. ①F407.406.14

中国国家版本馆 CIP 数据核字(2023)第 046536 号

策　　划	陈　婷
责任编辑	吴祯娥　陈　婷
出版发行	西安电子科技大学出版社(西安市太白南路2号)
电　　话	(029)88202421　88201467　　　邮　编　710071
网　　址	www.xduph.com　　　　　　电子邮箱　xdupfxb001@163.com
经　　销	新华书店
印刷单位	陕西天意印务有限责任公司
版　　次	2023 年 6 月第 1 版　　2023 年 6 月第 1 次印刷
开　　本	787毫米×1092毫米　1/16　印张　8
字　　数	186千字
印　　数	1～2000册
定　　价	24.00元

ISBN 978-7-5606-6855-0 / F

XDUP 7157001-1

如有印装问题可调换

前　言

随着经济和技术的不断发展，当今世界正面临着转型，第四次工业革命成为热点，智能制造也随之迎来快速发展阶段。制造执行系统(Manufacturing Execution System, MES)作为生产制造过程的神经网络，将在一段时间内成为整个制造业关注的焦点之一。

制造执行系统技术应用开发是面向高等院校智能制造类、电气类、工业自动化类专业开设的专业核心课程，是重要的实践教学环节。我们以培养应用型人才为目的，从生产管理活动的角度出发，应用美国通用电气公司的工厂制造执行系统(General Electric Manufacturing Execution System, GE MES)设计了 9 个实验。实验一是构建系统的使用环境。该实验介绍了安装 MES 系统所需的 SQL 数据库软件、.NET 控件和 GE 的历史数据库 Historian 软件等。实验二是 MES 系统软件配置。该实验完成了对 GE MES 软件的各种配置，例如配置 Historian 软件的 Proficy Historian Excel Add-in 组件，在 Excel 程序中配置 Excel Add In 所需功能等。实验三是获取生产数据。该实验通过 Historian 软件中的 iFIX 采集器建立生产数据所需存储的变量，并将这些变量与 GE 的 Plant Applications 软件中的模型参数建立关联。实验四是创建基础信息。该实验对生产数据创建基础信息，如进度状态、数据类型、数据源类型、配色方案、原因树、工程单位、报警管理、事件管理等。实验五是创建产品模型。通过该实验，学生可以学会建立产品谱系(产品、特性、逻辑关系、报警限值)，并理解产品谱系与生产单元之间的关联。实验六是创建工厂模型。通过该实验，学生可以掌握工厂模型结构，学会创建基于简易产线的批次生产事件、停机事件、废品事件等。实验七是实现生产工单下发应用。该实验综合考虑了当前工厂的设备生产能力、物料状态、人力资源情况实现工单的优化排产。实验八是实现设备综合效率的应用。通过该实验，学生可以理解设备综合效率概念，并掌握基于单体设备 OEE 配置方法。实验九是实现产品追溯应用。通过该实验，学生可以理解产品追溯概念，掌握追溯配置方法，并实现对产品及生产过程的有效监控。

本书由苏州应用大学技术学院的邢青青和张晓萍以及北京华晟经世信息技术股份有限公司的牛首印担任主编，北京华晟经世信息技术股份有限公司的赵峰和苏州应用大学技术学院的王爽担任副主编。邢青青负责全书统稿，并参与了生产工艺流程的设计。牛首印和张晓萍编写了本书的部分实例程序并对程序进行了验证。本书由苏州大学应用技术学院的尤凤翔教授主审。在此衷心感谢所有对本书出版给予帮助和支持的老师和朋友。

由于编者水平有限，书中难免有错漏之处，恳请读者批评指正。

编　者

2022 年 10 月

目　　录

构建系统使用环境

一、实验目的

(1) 认识 GE MES。

(2) 学会安装 GE MES 的相关软件。

二、实验设备

本实验使用的设备有计算机、GE MES 相关软件。

三、实验背景

本实验构建了 MES 需要的工作环境。在本实验中需要：① 安装 SQL 数据库；② 更新 Microsoft. NET Framework 4.5 软件；③ 安装 GE MES 数据库的 Historian 软件。

四、实验步骤

1. 安装 SQL 数据库

(1) 在 SQL 数据库安装中心，单击"New installation or add features to an existing Installation"选项，如图 1-1 所示。

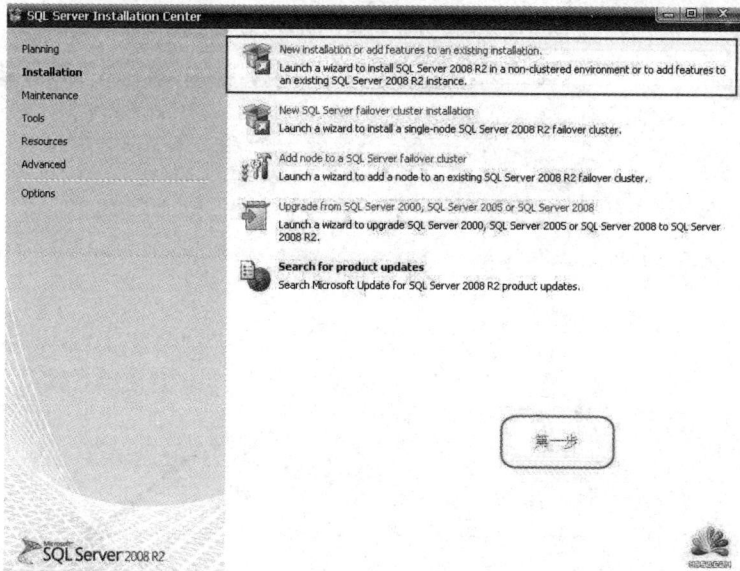

图 1-1

(2) 按安装向导的指示完成操作，单击"OK"按钮，如图 1-2 所示。

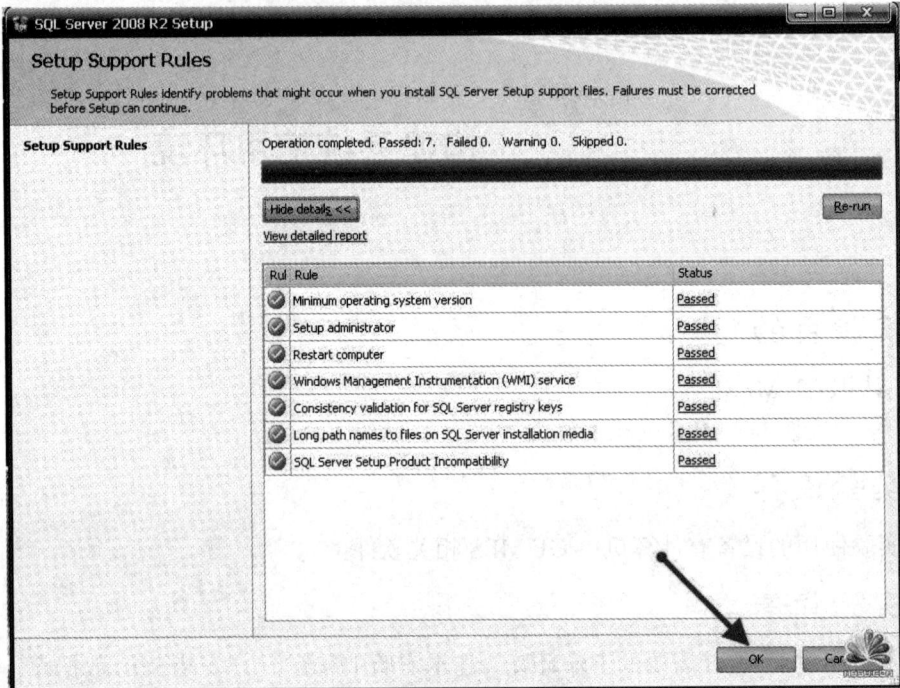

图 1-2

(3) 在"Enter the product key"对话框中，输入产品码，单击"Next"按钮，如图 1-3 所示。

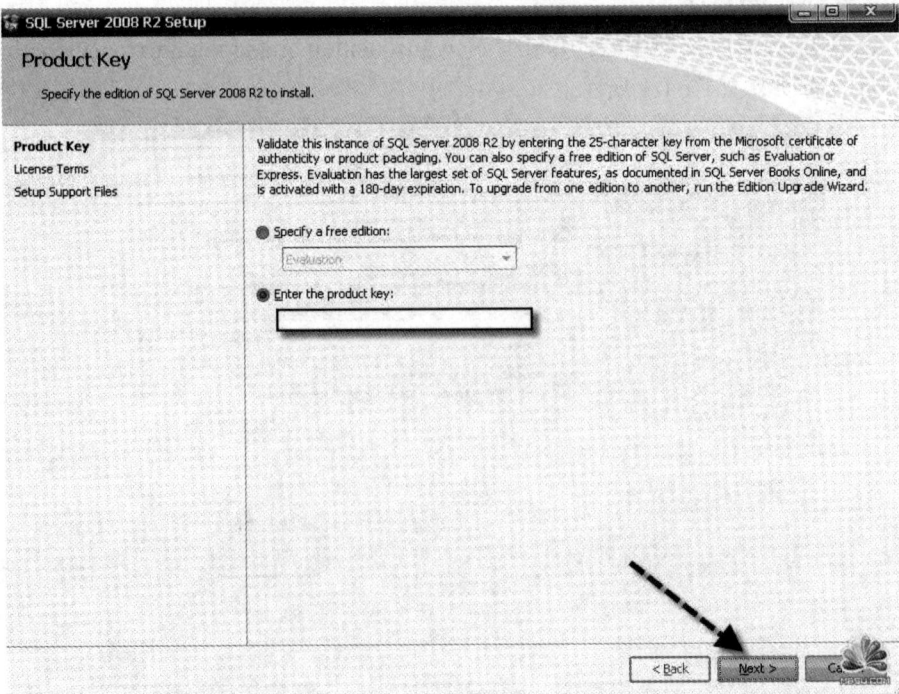

图 1-3

(4) 勾选"I accept the license terms"选项，并单击"Next"按钮，如图 1-4 所示。

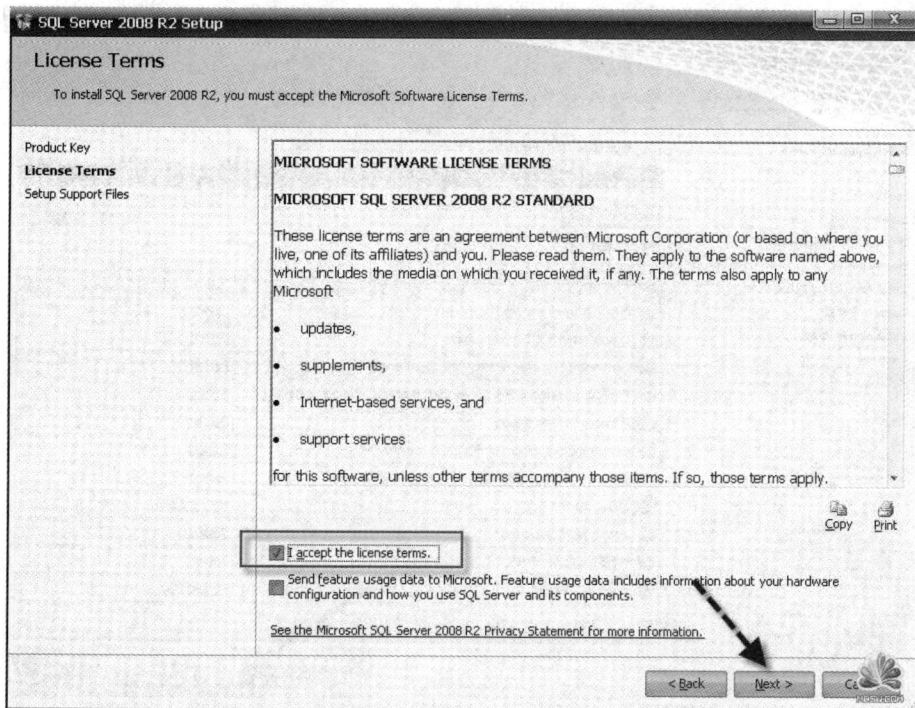

图　1-4

(5) 单击"Install"按钮，安装程序支持文件，如图 1-5 所示。

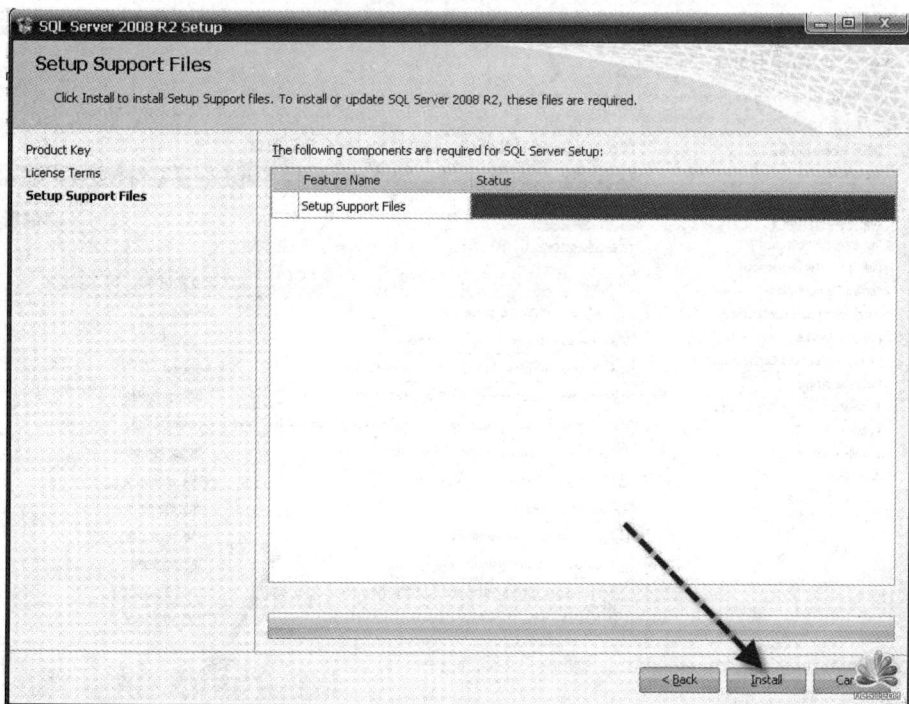

图　1-5

(6) 单击"Next"按钮，安装程序支持规则，如图 1-6 所示。

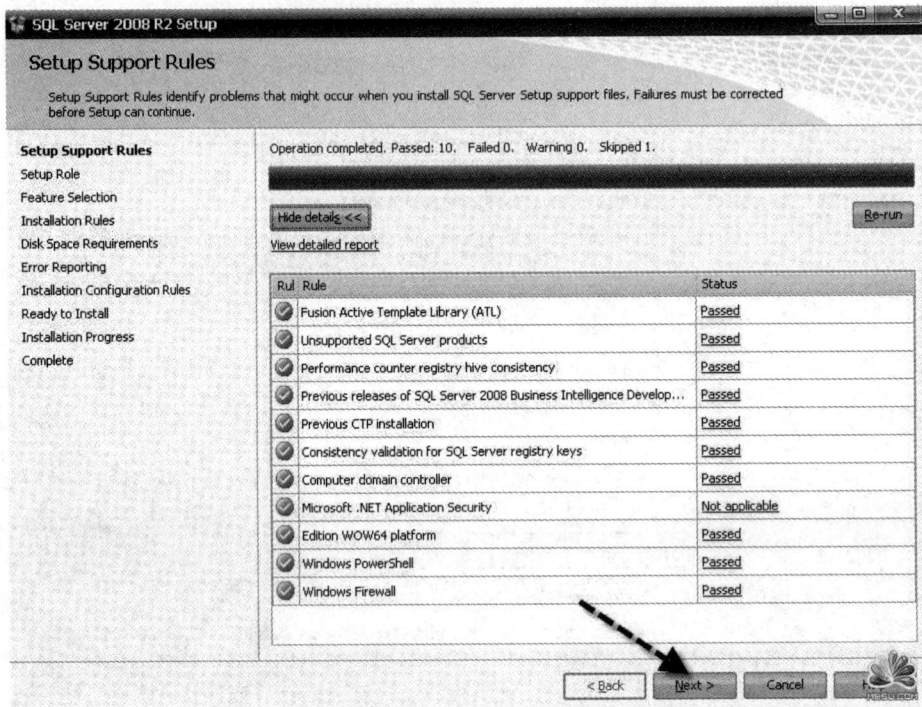

图 1-6

(7) 单击"Next"按钮，即选择了软件默认的程序安装规则，如图 1-7 所示。

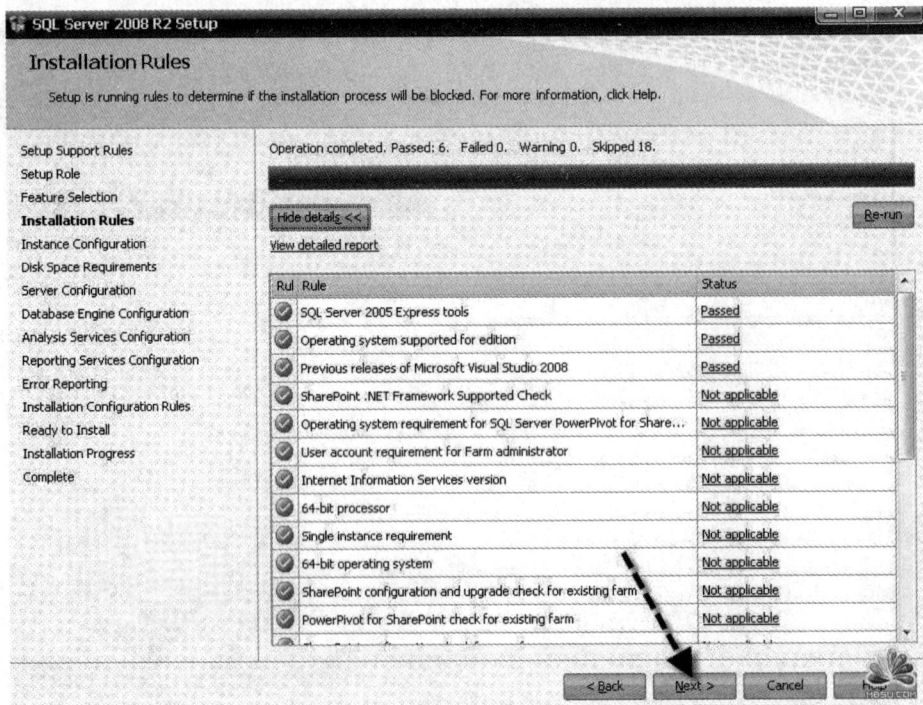

图 1-7

(8) 选择命名实例，输入自定义名称，单击"Next"按钮，如图 1-8 所示。

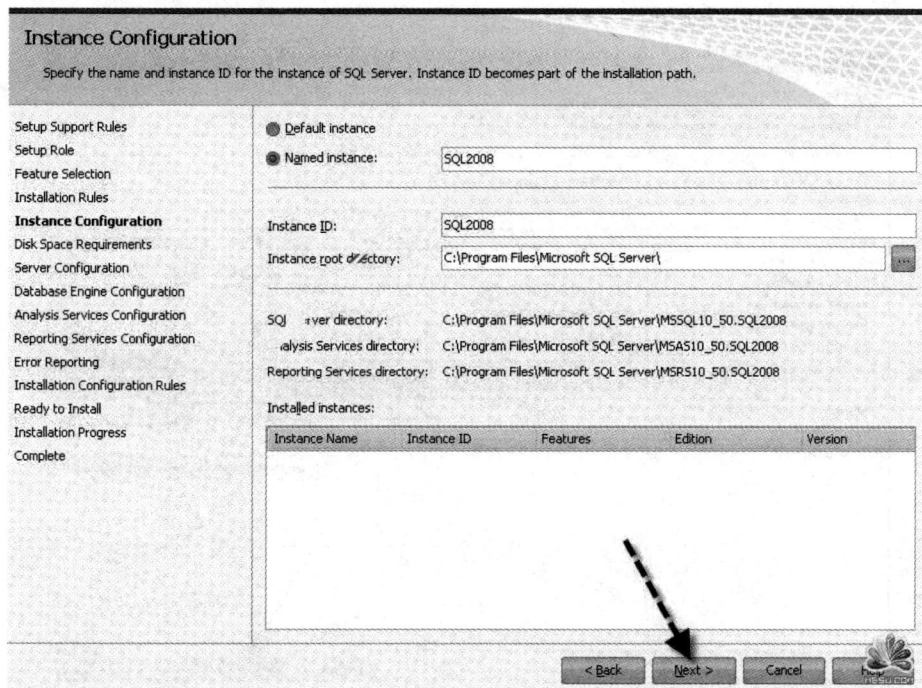

图 1-8

(9) 设置磁盘空间，单击"Next"按钮，如图 1-9 所示。

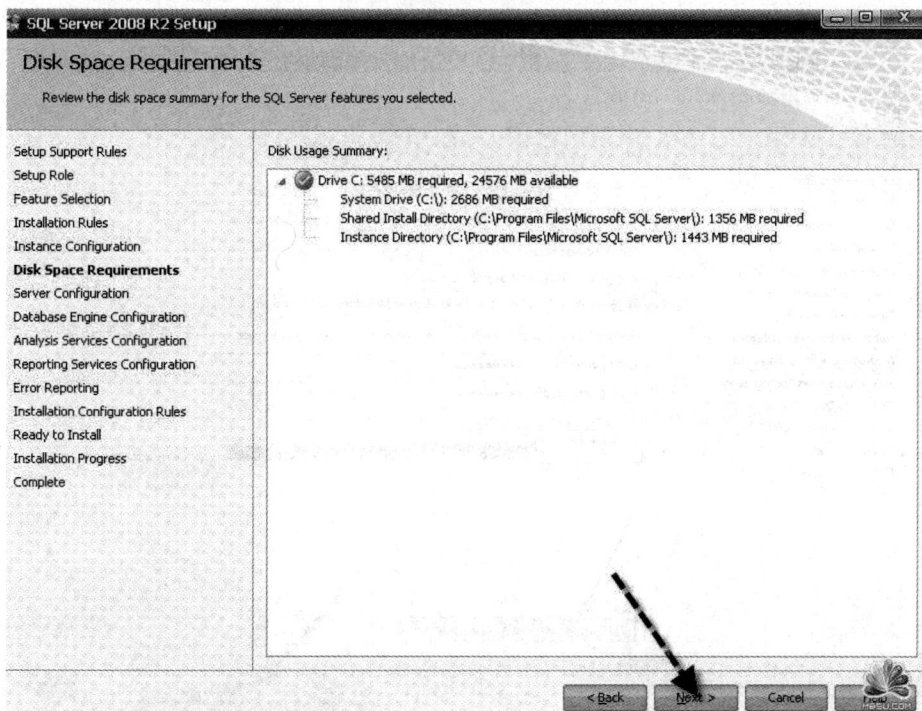

图 1-9

(10) 确认启动方式，单击"Next"按钮，如图 1-10 所示。注意：图 1-10 所示为 SQL 数据库的各项服务的启动方式。

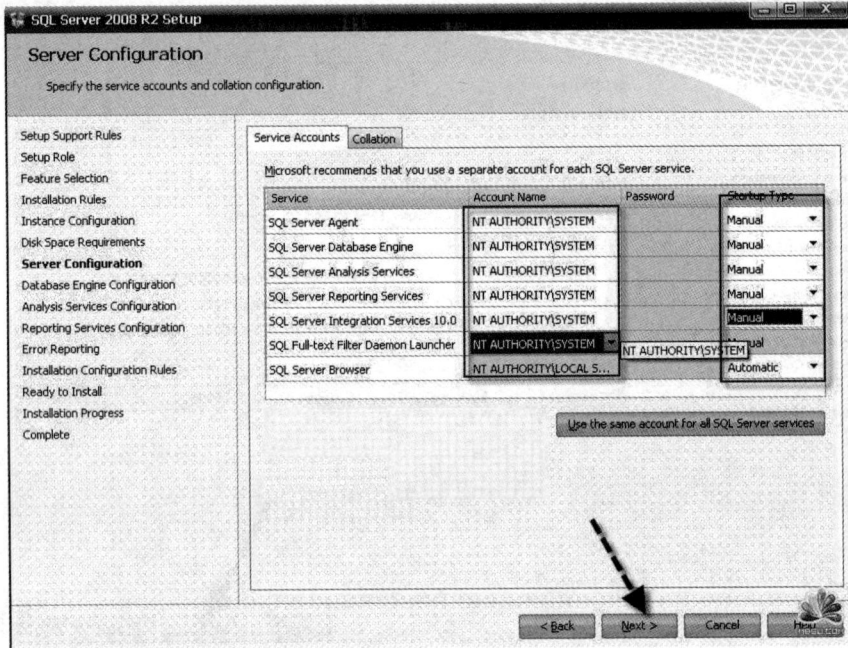

图 1-10

(11) 采用 SQL 的验证方式，输入密码，添加本机用户，单击"Next"按钮，如图 1-11 所示。

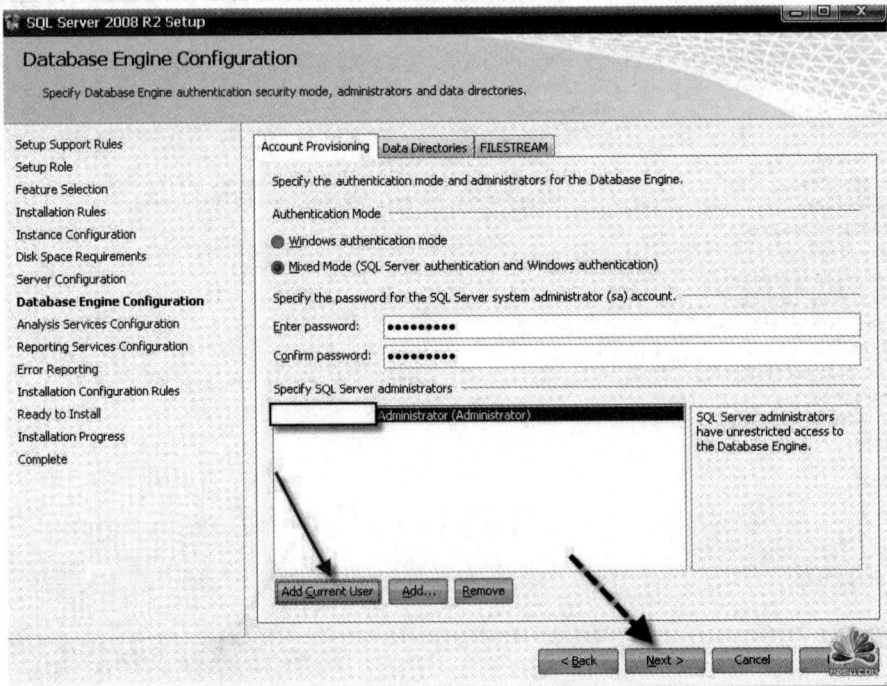

图 1-11

(12) 开启 "FILESTREAM" 功能后，单击 "Next" 按钮，如图 1-12 所示。

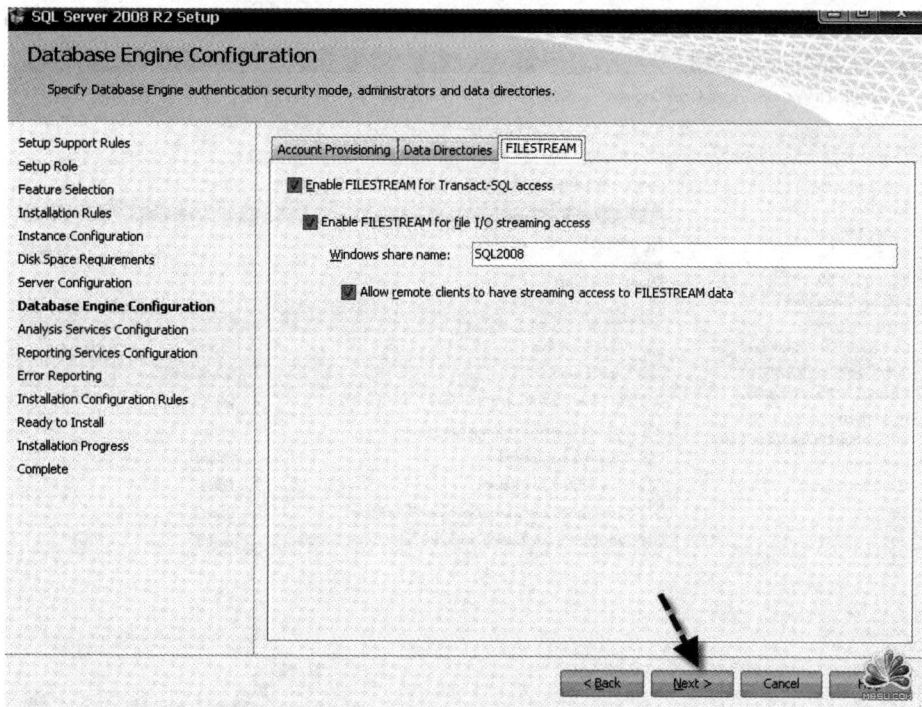

图 1-12

(13) 单击 "Add Current User" 按钮，添加当前用户，再单击 "Next" 按钮，如图 1-13 所示。

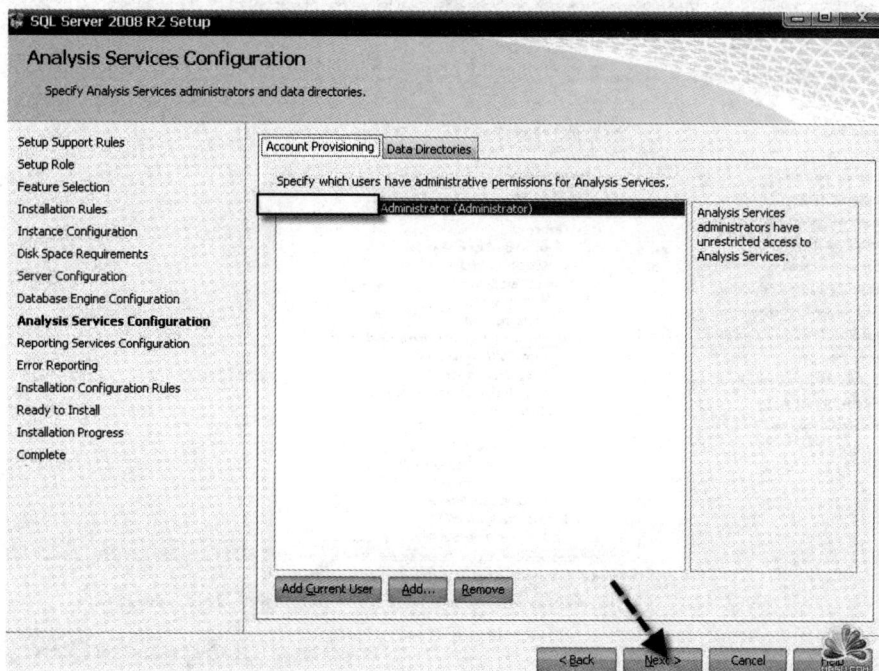

图 1-13

(14) 当窗口显示如图 1-14 所示时，显示安装配置结果。确认无误后，单击"Next"按钮。

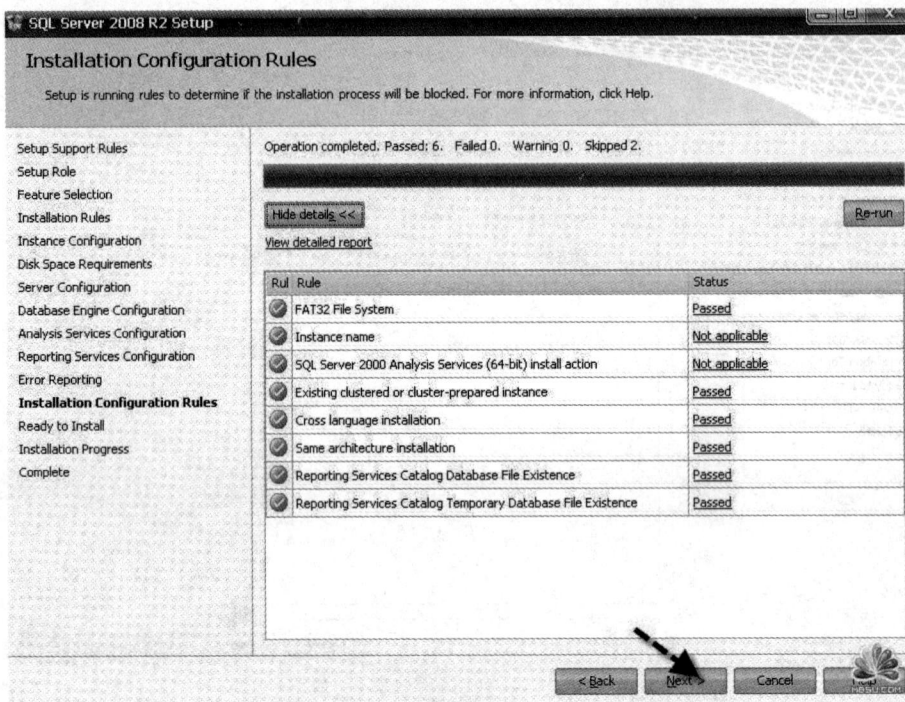

图 1-14

(15) 单击"Install"按钮进行程序安装，如图 1-15 所示。

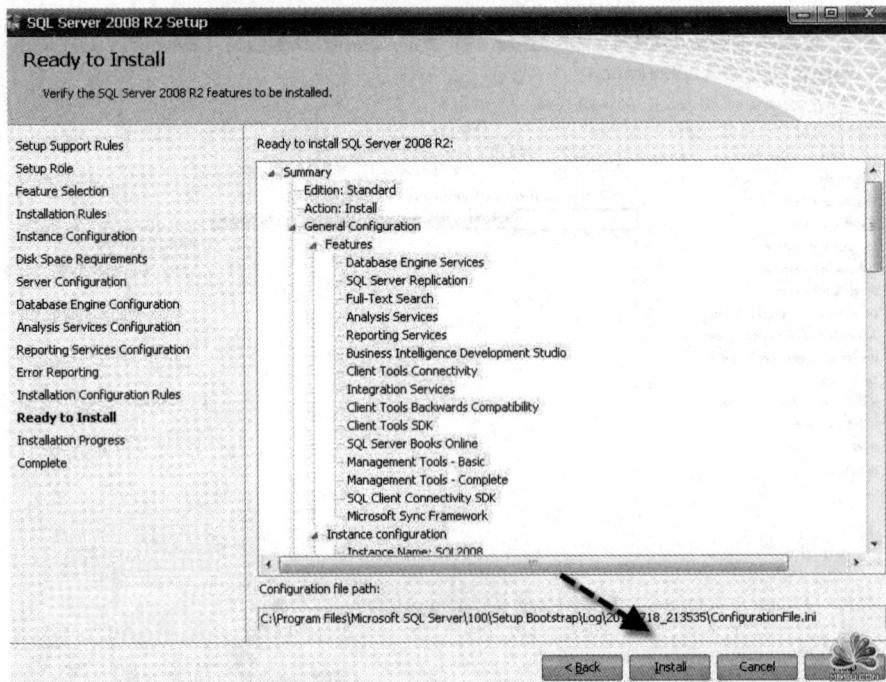

图 1-15

(16) 当安装进度完成后，单击"Next"按钮，如图 1-16 所示。

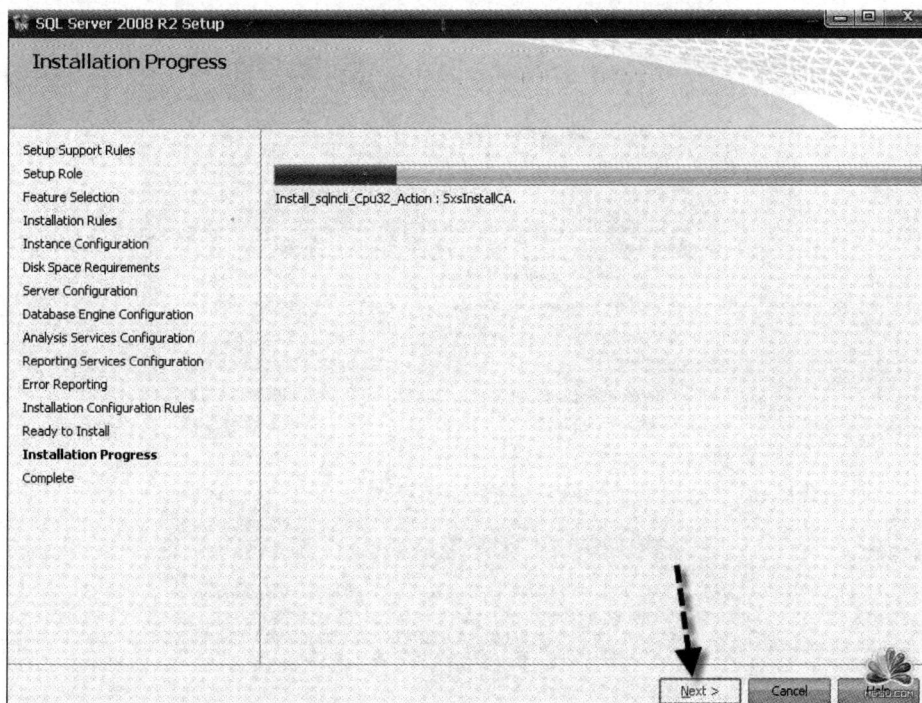

图　1-16

(17) 安装完成界面，如图 1-17 所示。

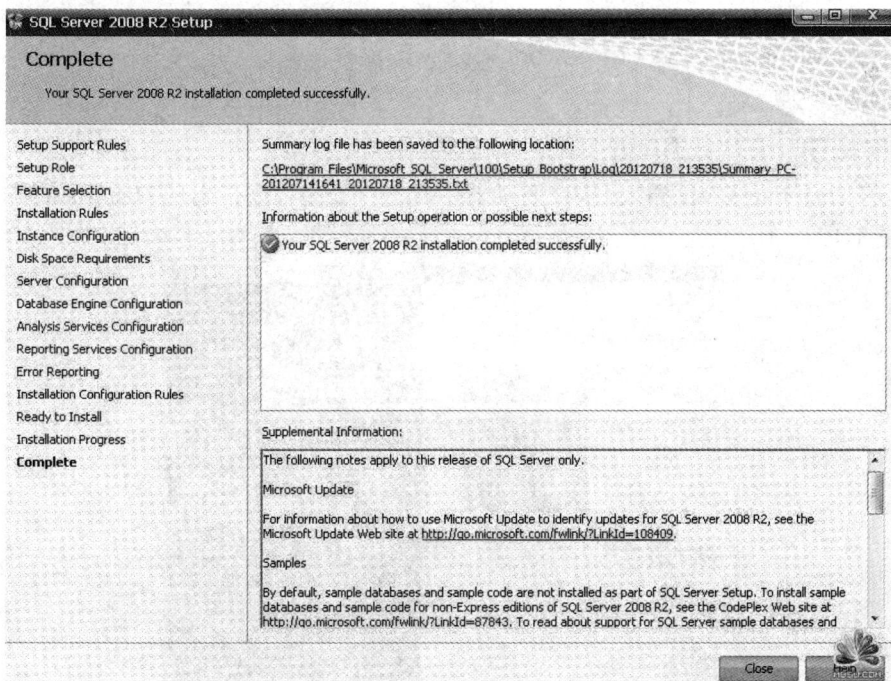

图　1-17

(18) 单击"Help"按钮后，出现 SQL 数据库当前安装的所有组件和版本号，如图 1-18 所示。

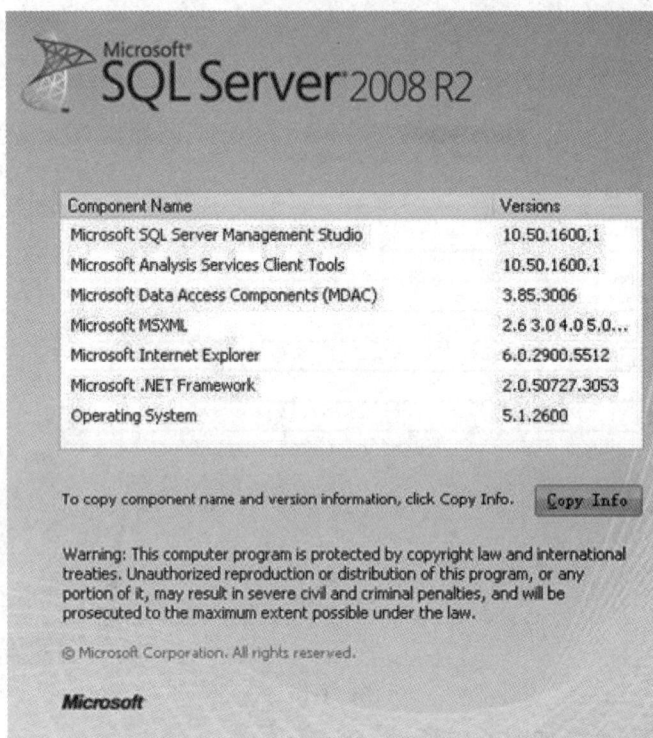

图 1-18

2. 安装 Microsoft. NET Framework 4.5 补丁

具体安装步骤略。

3. 安装 GE MES 数据库的 Historian 软件

(1) 将 Historian DVD 插入 DVD 驱动器中或自行安装程序，出现 Historian 5.5 安装界面，如图 1-19 所示。

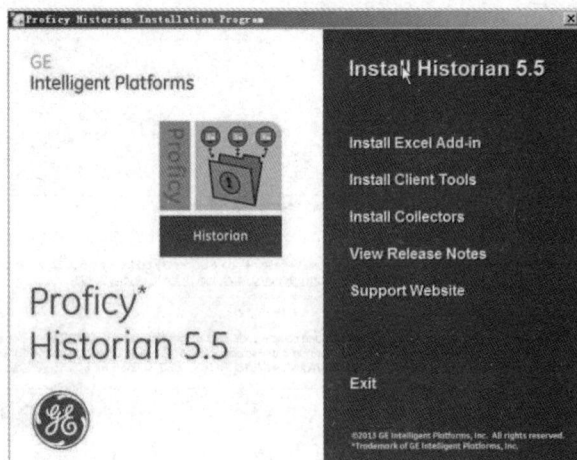

图 1-19

(2) 选择"Install Historian 5.5 选项",安装程序开始运行,如图 1-20 所示。

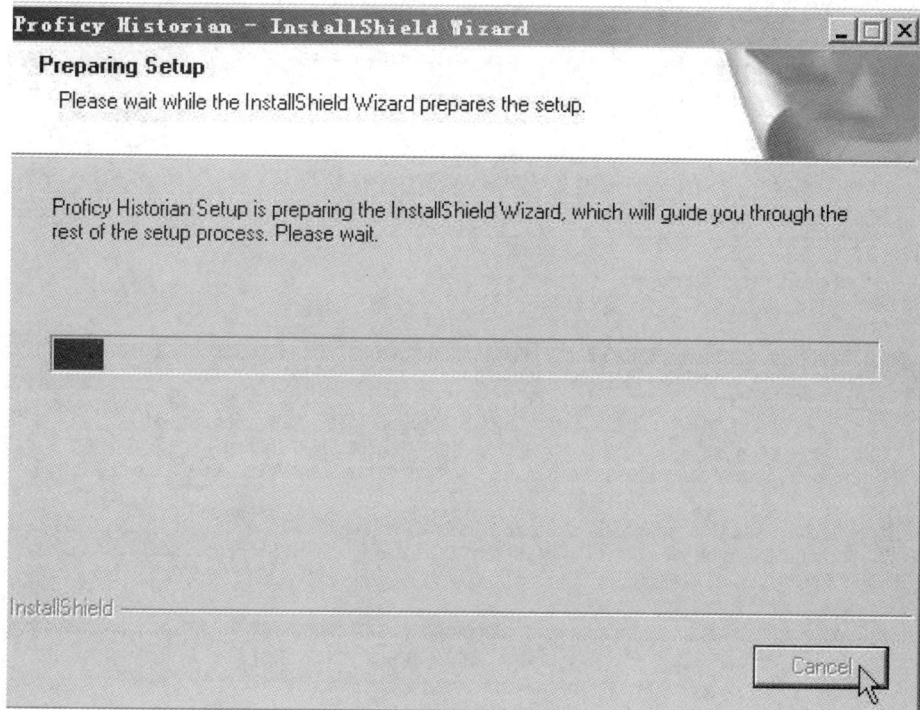

图 1-20

(3) 在欢迎界面中,单击"Next"按钮,如图 1-21 所示。

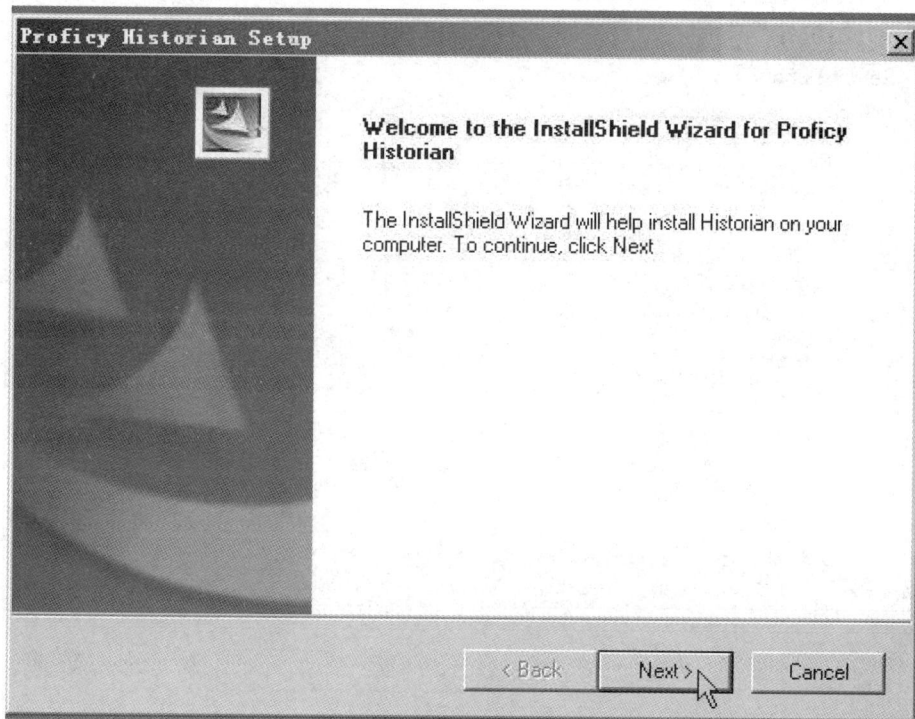

图 1-21

(4) 如无疑问，在授权协议的条款窗口中，单击"Yes"按钮，如图 1-22 所示。

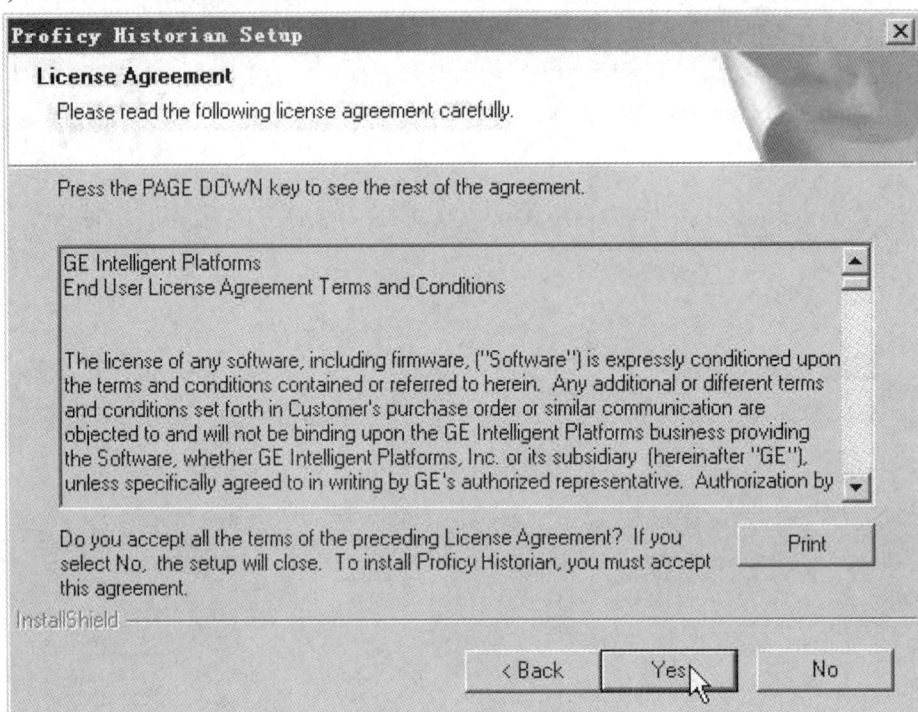

图 1-22

(5) 勾选如图 1-23 所示的选项，单击"Next"按钮。

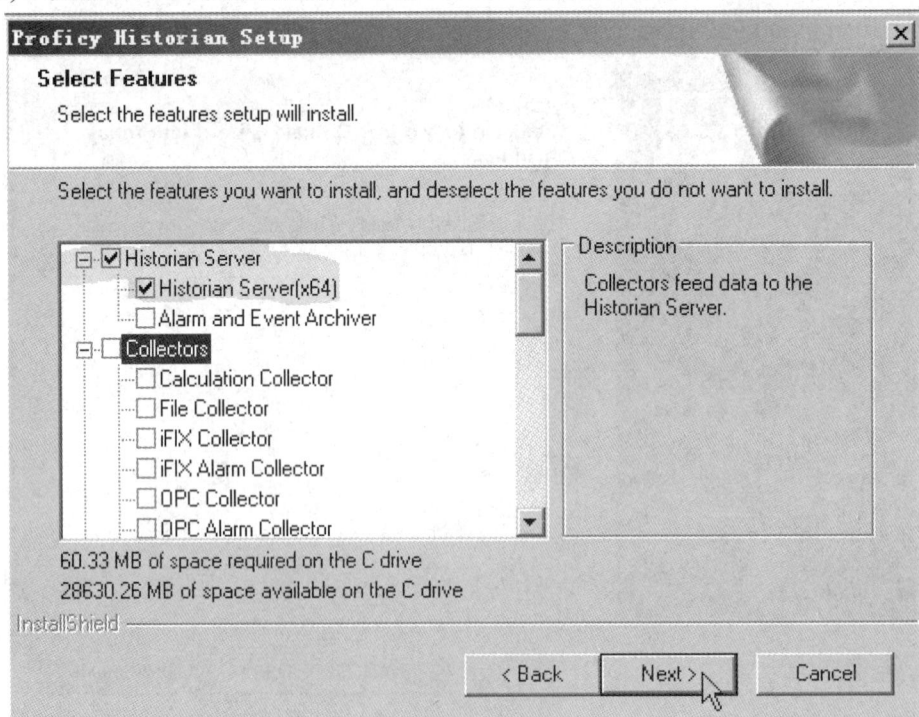

图 1-23

　　(6) 在出现的 Proficy Historian 自动配置 Windows 防火墙窗口中，选择"Yes"，单击"Next"按钮，如图 1-24 所示。

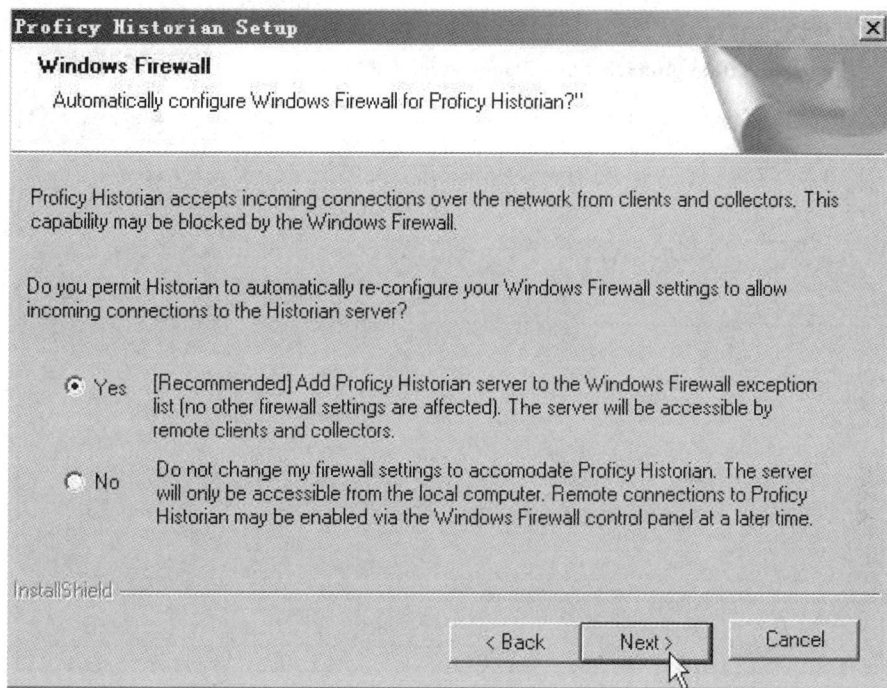

图　1-24

　　(7) 在 Historian Server 连接安全窗口中，勾选"All Users"。单击"Next"按钮，如图 1-25 所示。

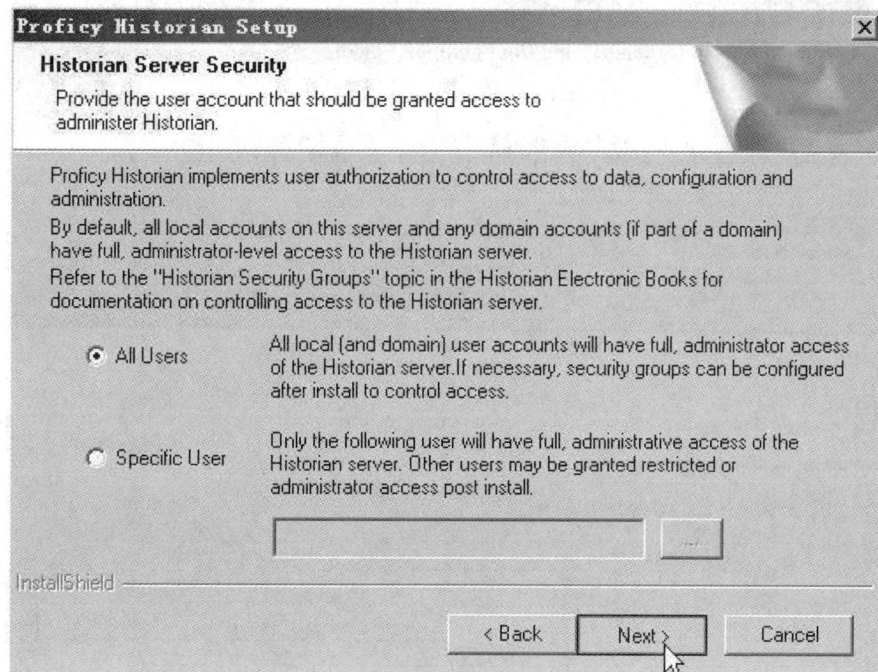

图　1-25

(8) 在程序路径窗口中，保留默认路径。单击"Browse …"按钮，选择目标文件夹中对应的文件，再单击"Next"按钮，如图 1-26 所示。

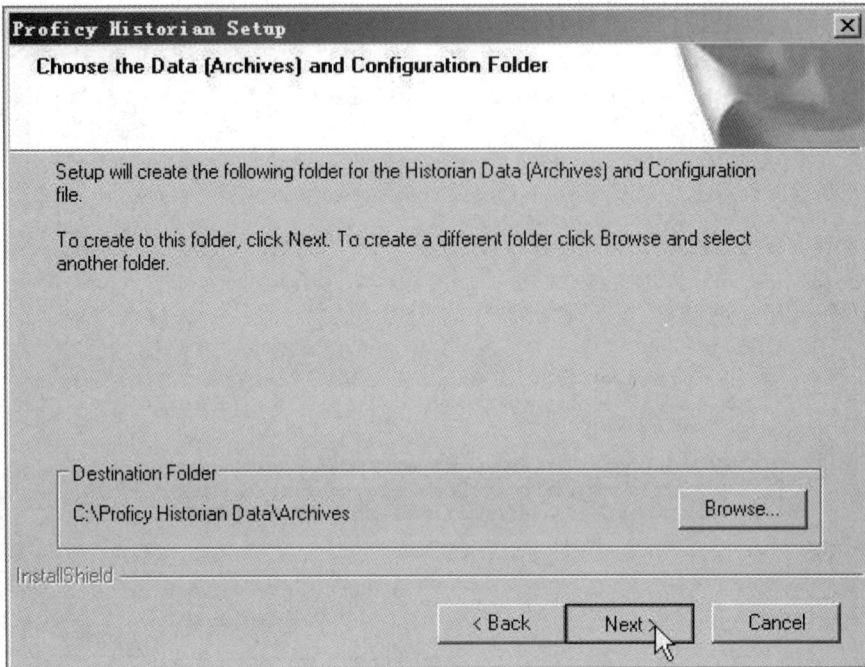

图 1-26

(9) 在数据的存储路径窗口中，保留默认路径。单击"Browse …"按钮，选择目标文件夹中对应文件。单击"Next"按钮，如图 1-27 所示。

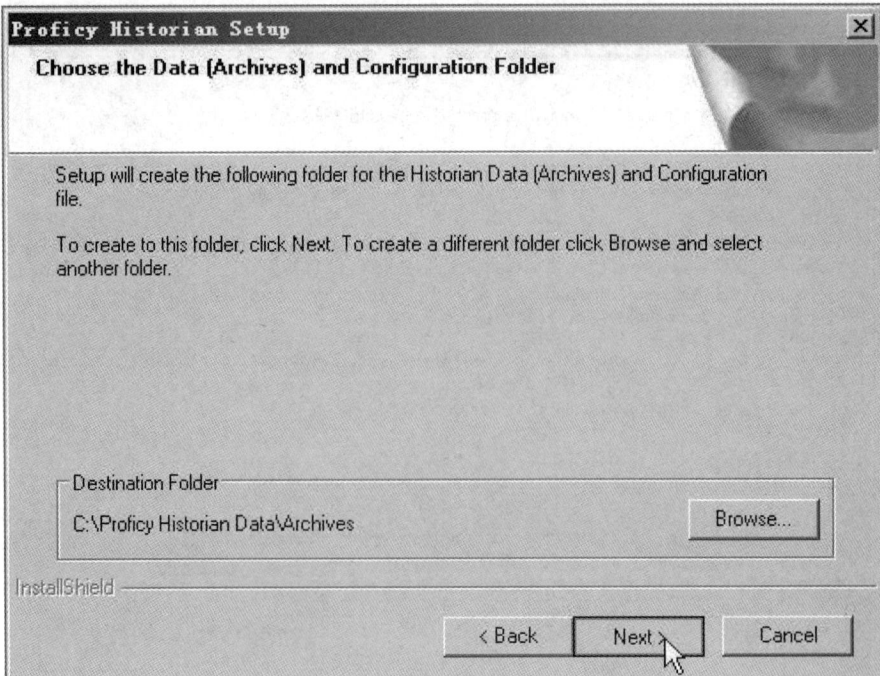

图 1-27

(10) 如无疑问，在配置确认窗口中，单击"Next"按钮，如图 1-28 所示。

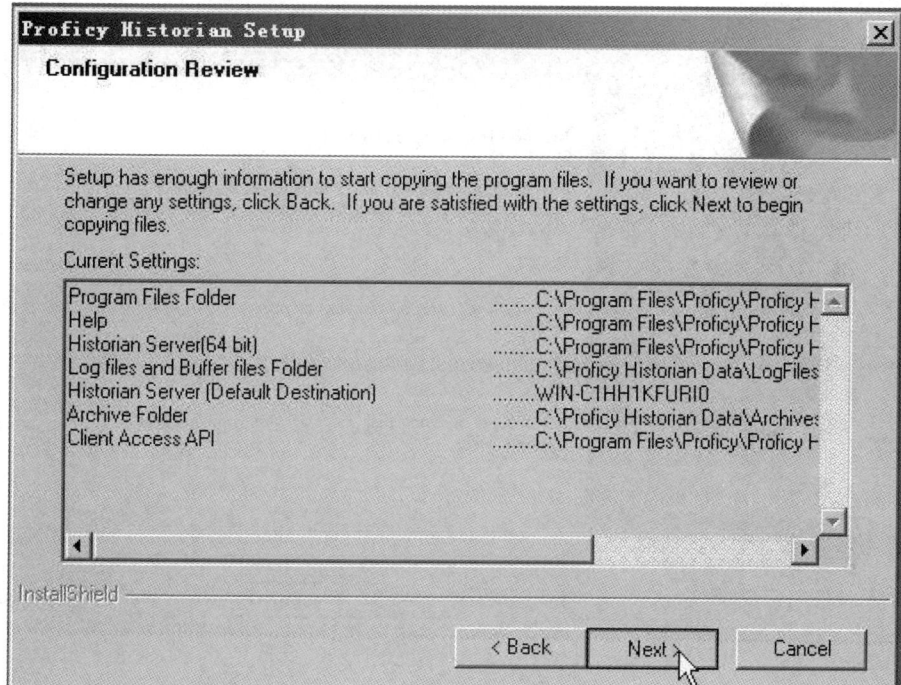

图 1-28

(11) 当消息框询问是否启动 Historian 服务时，单击"是(Y)"按钮，如图 1-29 所示。

图 1-29

(12) 在安装完成界面中，单击"确定"按钮，如图 1-30 所示。

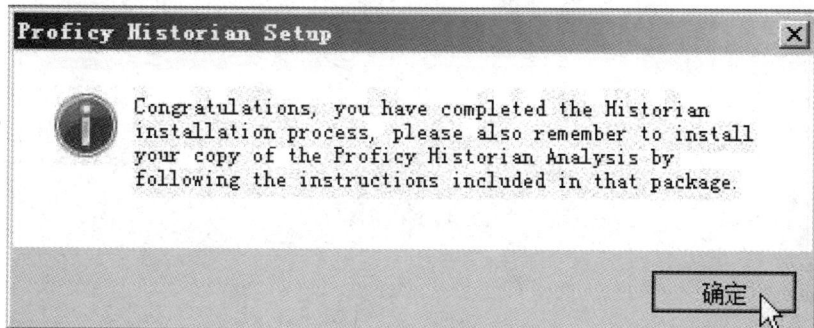

图 1-30

(13) 在图 1-31 所示的窗口中，选择 "Yes, I want to restart my computer now" 选项，然后单击 "Finish" 按钮。

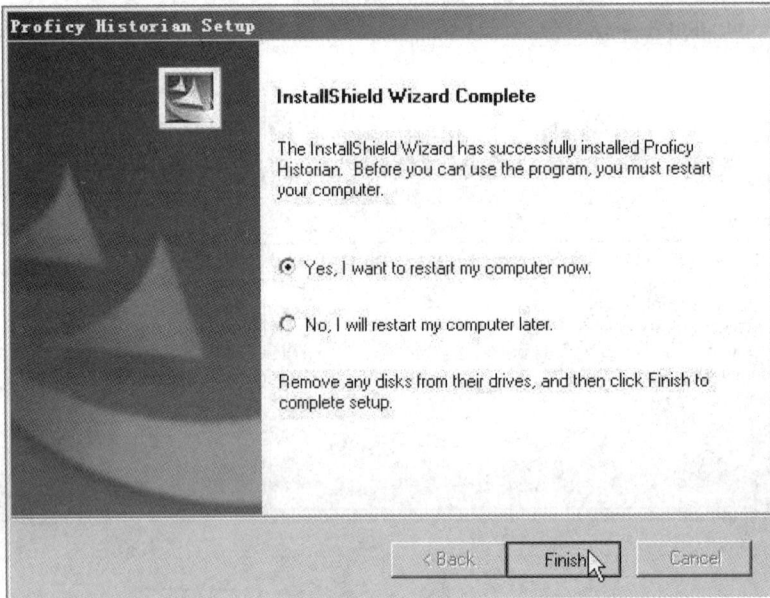

图 1-31

(14) 重新启动计算机后，用相同的用户名登录 Windows，此时用户具有管理员权限。

五、注意事项

GE MES 开发所涉及的软件要安装在其规定的操作系统和 SQL 数据库版本环境内，以免造成安装失败。

MES系统软件配置

一、实验目的

(1) 学会配置 GE MES 相关软件。

(2) 学会安装 iFIX 软件、MES 所需的 PA 软件。

二、实验设备

本实验使用的设备有计算机、GE MES 相关软件。

三、实验背景

本实验完成了对 GE MES 软件的配置，在本实验中需要：① 安装 Historian 软件的 Proficy Historian Excel Add-in 组件；② 在 Excel 程序中，配置 Excel Add In 所需功能；③ 安装 Proficy Historian Collectors 组件；④ 安装 iFIX 软件；⑤ 安装 OFFICE2010 软件；⑥ 安装 MES（manufacturing execution system）系统所需的 PA（Plant Applicantion）软件（安装软件必须默认路径为 C 盘）。

四、实验步骤

1. 安装 Proficy Historian Excel Add-in 组件

(1) 以管理员权限登录 Windows，确保没有 Historian 或 Proficy 进程正在运行，关闭正在运行的其他程序。

(2) 将 Historian DVD 插入 DVD 驱动器中，出现 Proficy Historian Excel Add-in 安装界面，如图 2-1 所示。

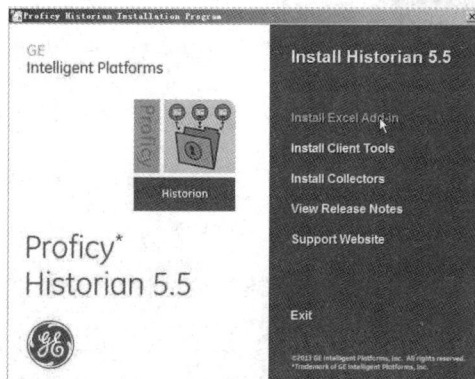

图 2-1

(3) 选择"Install Excel Add-in"选项，安装程序开始运行，并出现"等待安装"界面，如图 2-2 所示。

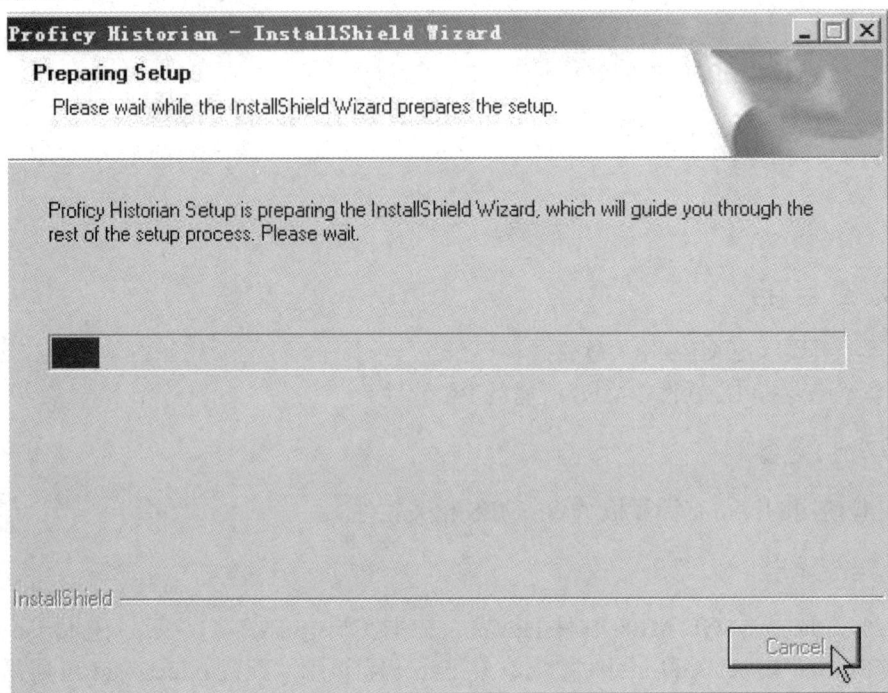

图 2-2

(4) 在欢迎界面中，单击"Next"按钮，如图 2-3 所示。

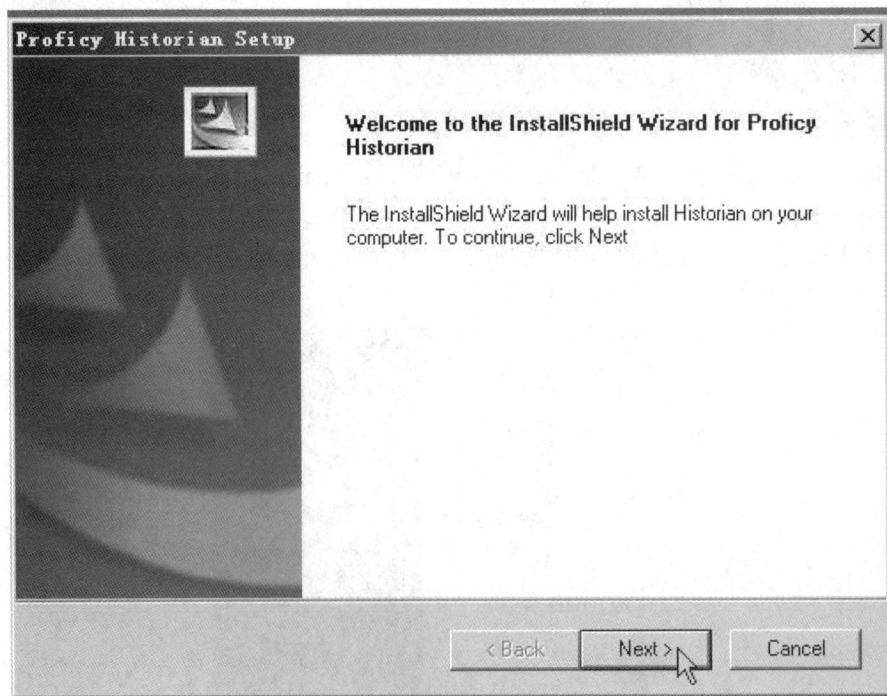

图 2-3

（5）如无疑问，在授权协议的条款窗口中，单击"Yes"按钮，如图 2-4 所示。

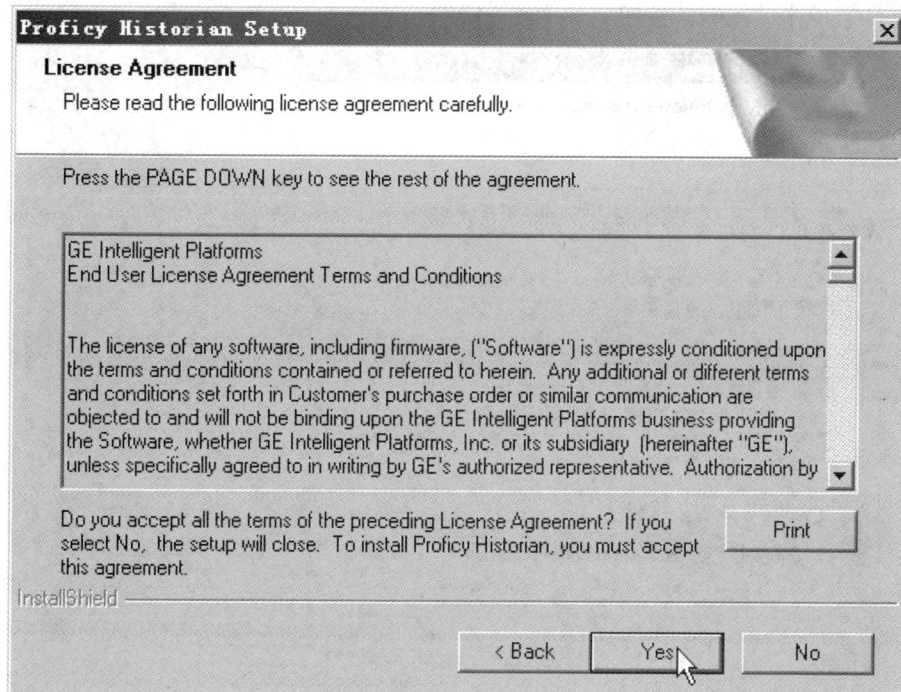

图 2-4

（6）勾选"Historian Excel Add-in 64 bit""Historian Administrator"和"Proficy Historian Client Tools"，然后单击"Next"按钮，如图 2-5 所示。

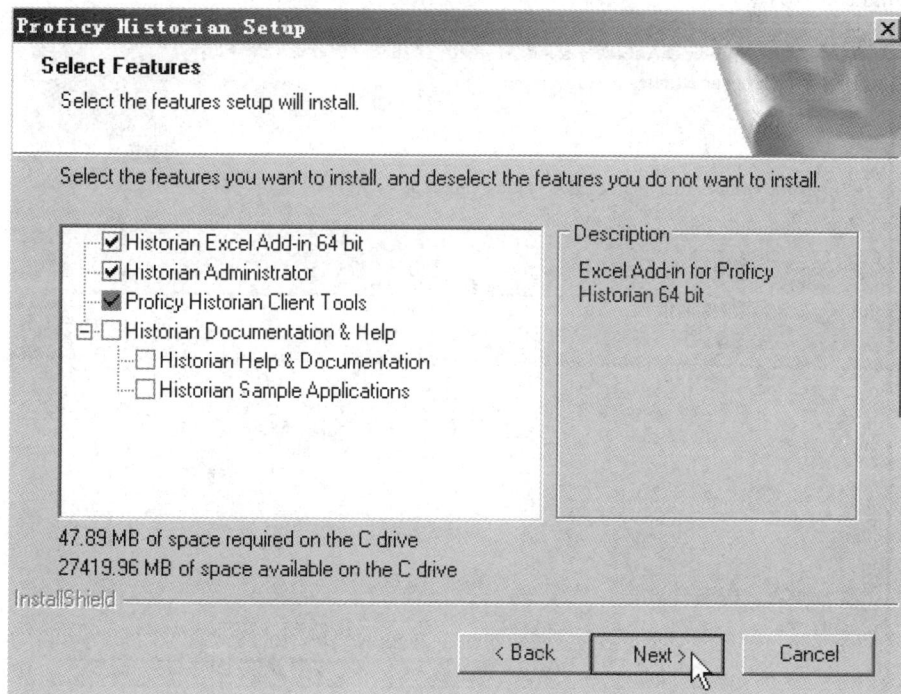

图 2-5

(7) 在程序路径窗口中，保留默认路径。单击"Browse…"按钮，选择目标文件夹中对应的文件。单击"Next"按钮，如图 2-6 所示。

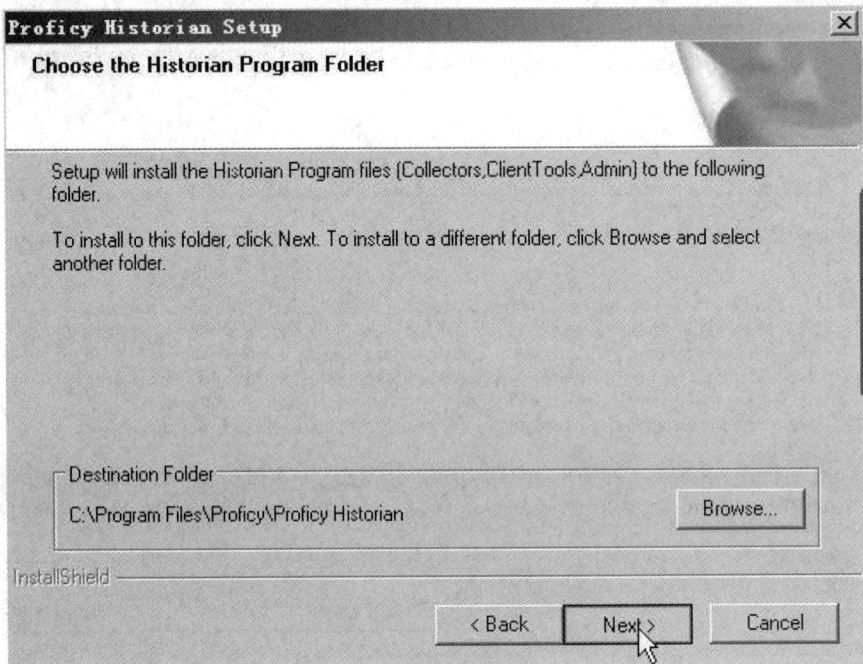

图 2-6

(8) 在"Historian Server Name"窗口中，填写 Historian 服务器机器名后，单击"Next"按钮，如图 2-7 所示。

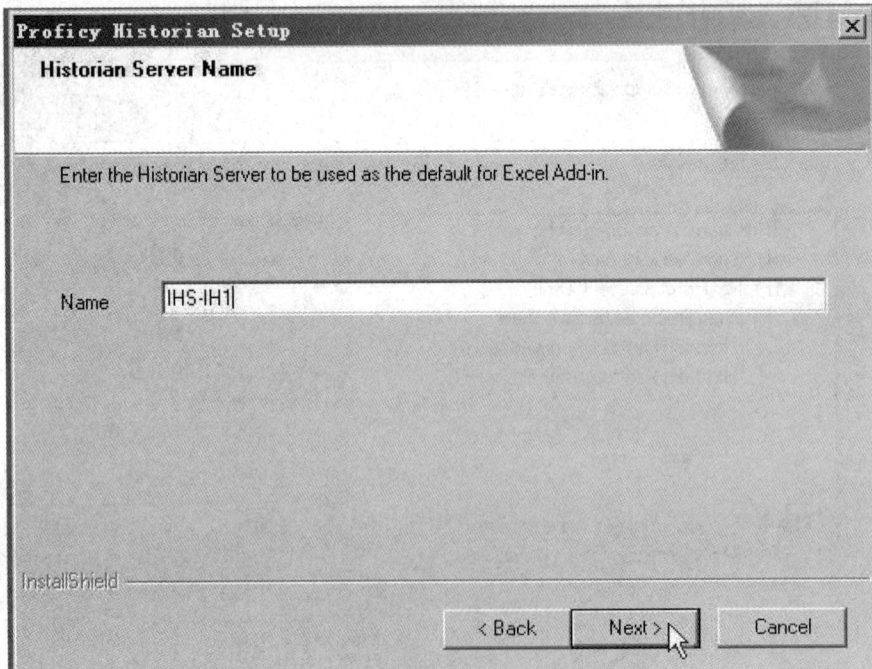

图 2-7

(9) 如无疑问，在配置确认窗口中，单击"Next"按钮，如图 2-8 所示。

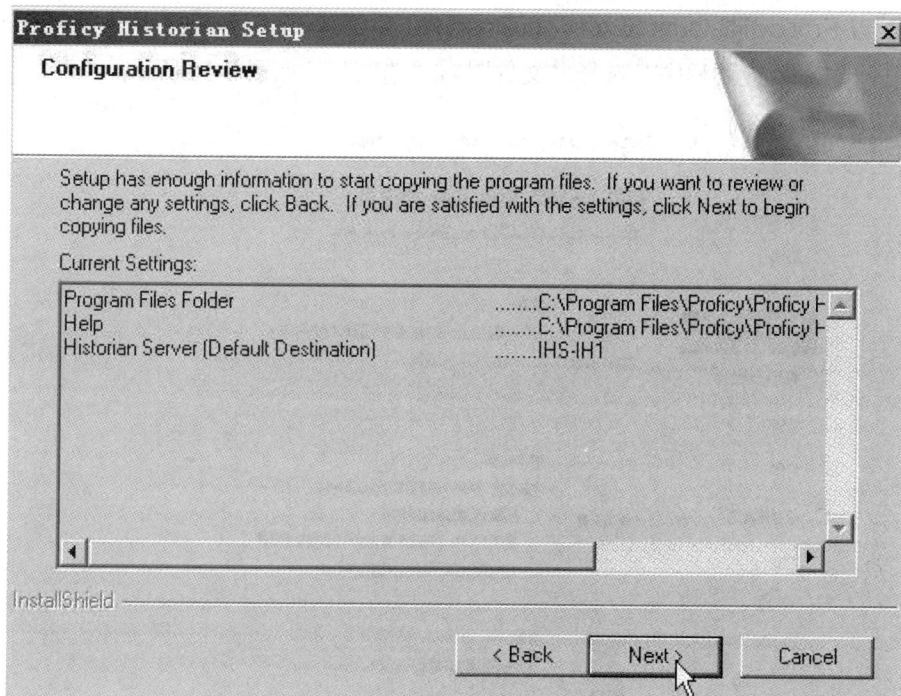

图 2-8

(10) 勾选"Yes, I want to restart my computer now."选项，然后单击"Finish"按钮，则计算机重启，如图 2-9 所示。

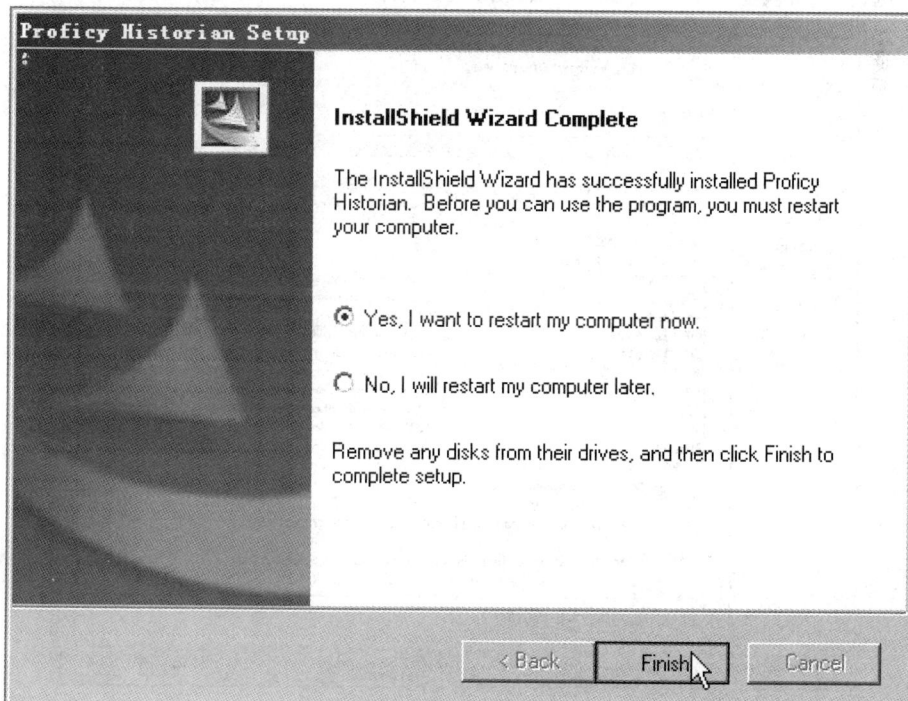

图 2-9

(11) 重新启动计算机后，用相同的用户名登录 Windows，此时，用户具有管理员权限。

2. 配置 Proticy Historian Excel Add-in 组件

(1) 打开 Excel 应用程序，选择"文件"→"选项"，如图 2-10 所示。

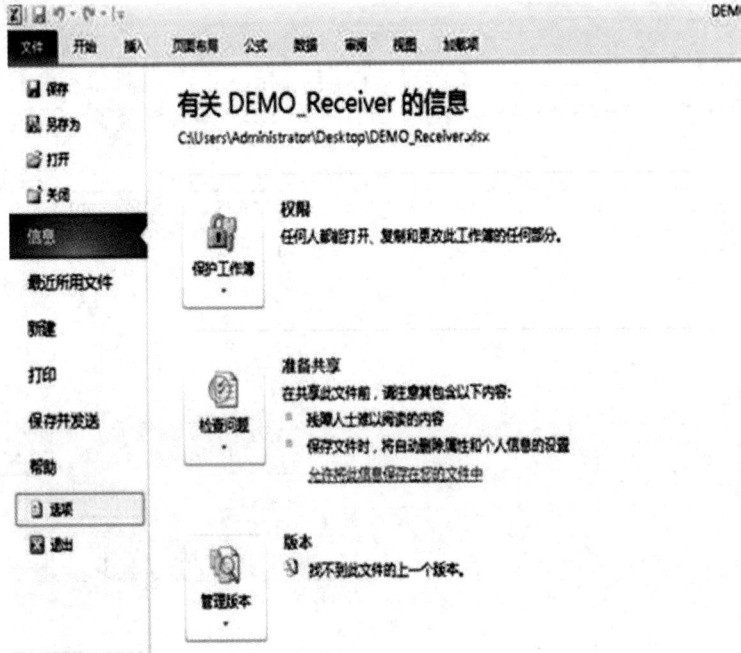

图 2-10

(2) 选择"加载项"→"转到"，如图 2-11 所示。

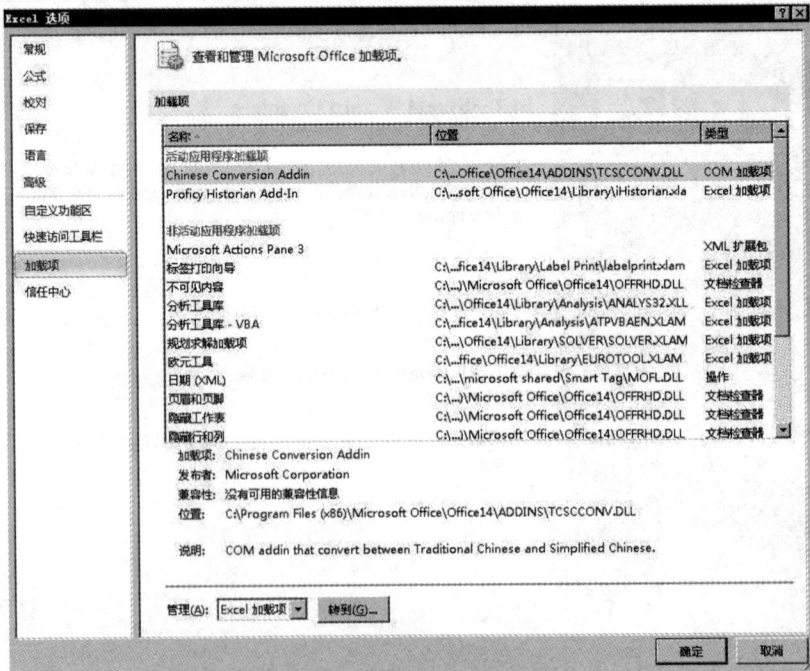

图 2-11

(3) 在加载宏窗口中，勾选"Proficy Historian Add-in"选项，单击"确定"按钮，如图 2-12 所示。

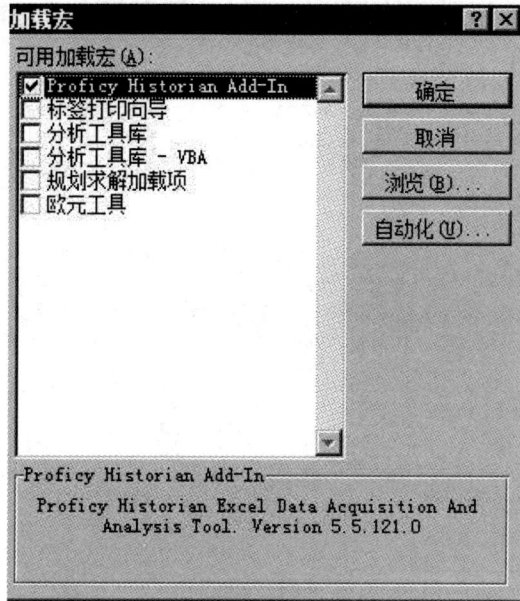

图 2-12

(4) 在 Excel 菜单栏上，出现"Historian"选项卡，如图 2-13 所示。

图 2-13

(5) 更改 hosts 文件，用记事本打开 "C:\Windows\ System32\drivers\etc\hosts" 文件，底部添加 "10.43.87.102 IHS-IH1"，如图 2-14 所示。

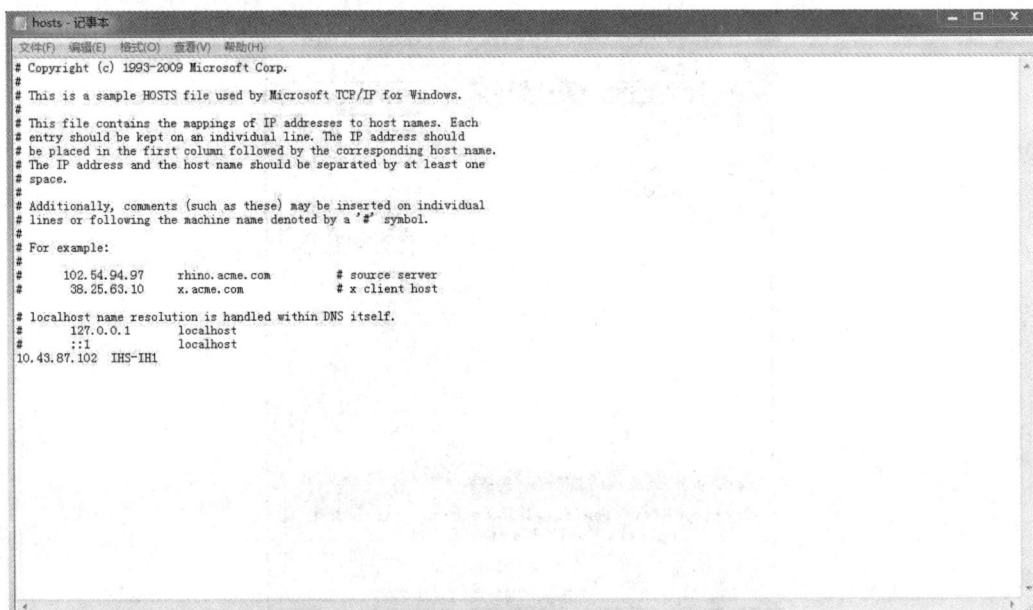

图 2-14

3. 安装 Proficy Historian Collectors数据采集器

(1) 以管理员权限登录 Windows，确保系统没有 Historian 或 Proficy 进程正在运行，关闭正在运行的其他程序。

(2) 将 Historian DVD 插入 DVD 驱动器中，出现 Proticy Historian Collectors 安装界面，如图 2-15 所示。

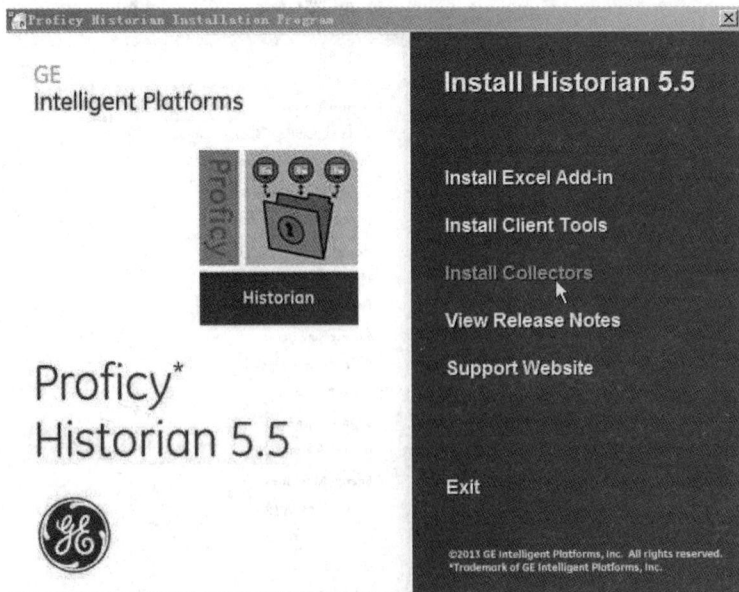

图 2-15

(3) 选择"Install Collectors"选项，安装程序开始运行并出现等待安装界面，如图 2-16 所示。

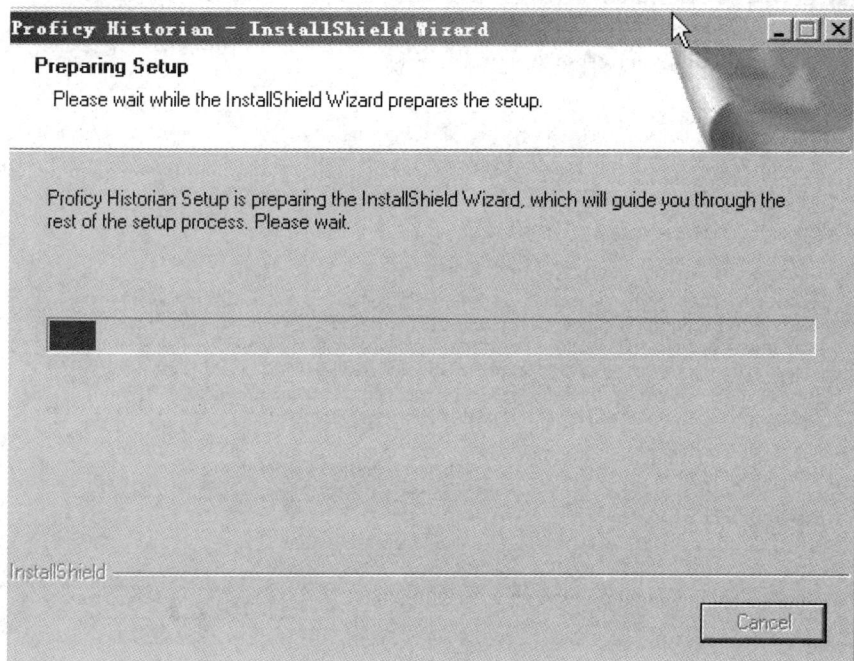

图 2-16

(4) 在欢迎界面中，单击"Next"按钮，如图 2-17 所示。

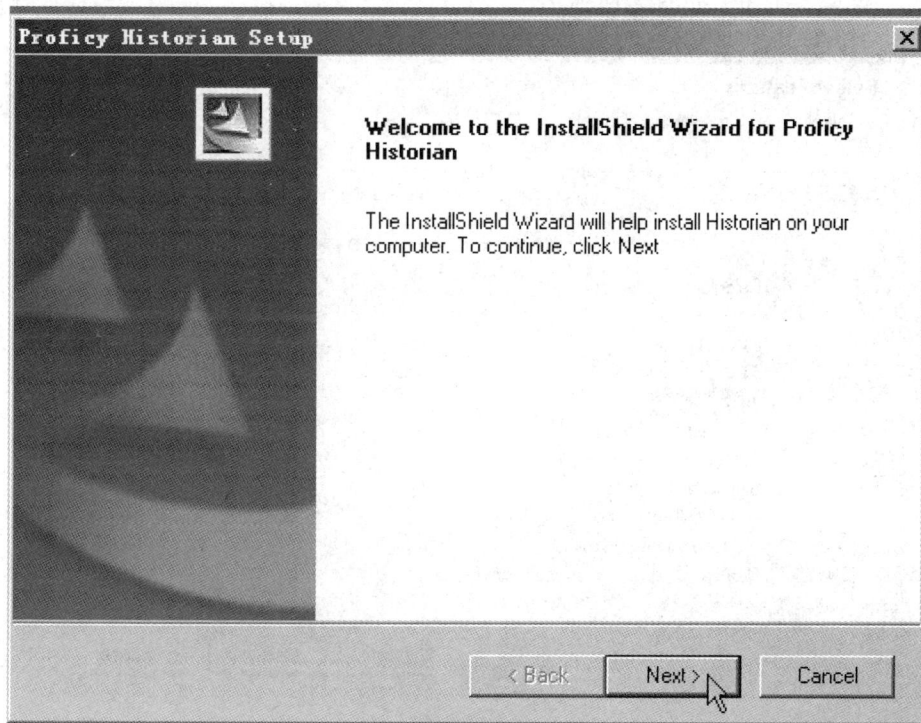

图 2-17

(5) 如无疑问，在授权协议的条款窗口中，单击"Yes"按钮，如图 2-18 所示。

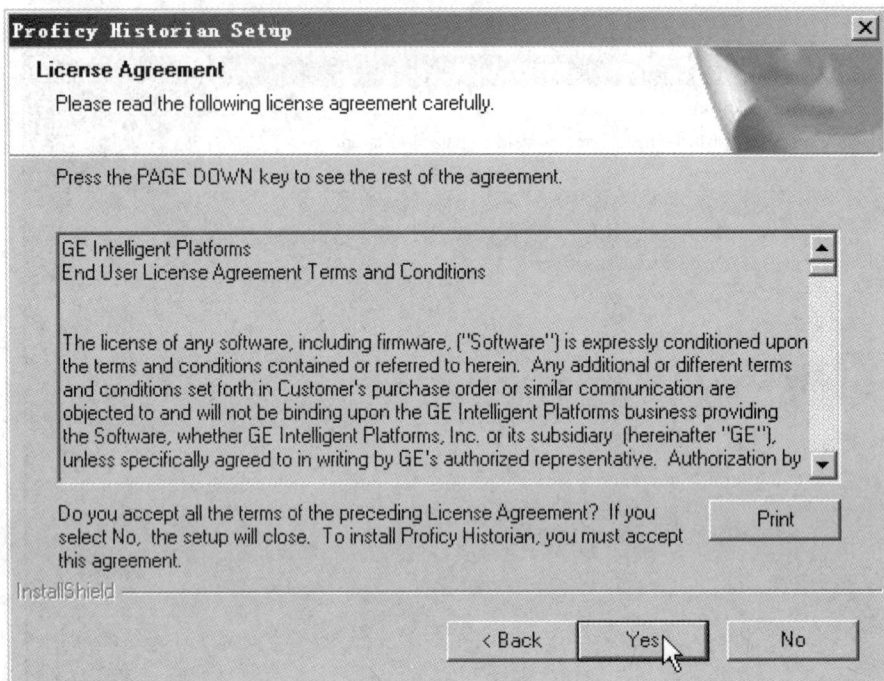

图 2-18

(6) 在"Proticy Historian Setup"窗口中，勾选"Collectors"和"OPC Collector"选项，然后单击"Next"按钮，如图 2-19 所示。

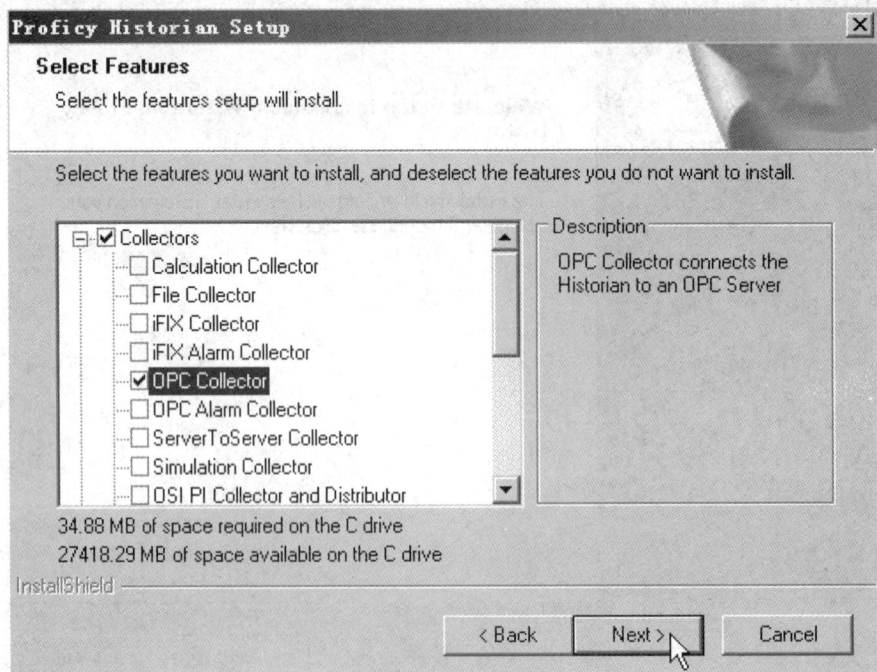

图 2-19

(7) 在"Historian Collector Configuration"窗口中,勾选"Local System Account"选项,单击"Next"按钮,如图 2-20 所示。

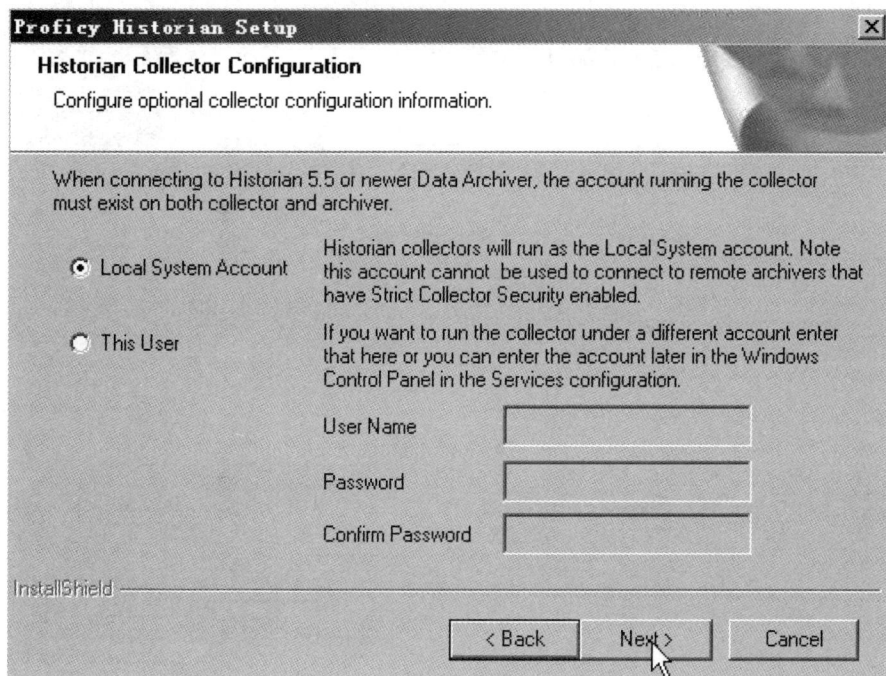

图 2-20

(8) 在 OPC Server 窗口中,勾选"Intellution Intellution Gateway OPC Server"选项,单击"Next"按钮,如图 2-21 所示。

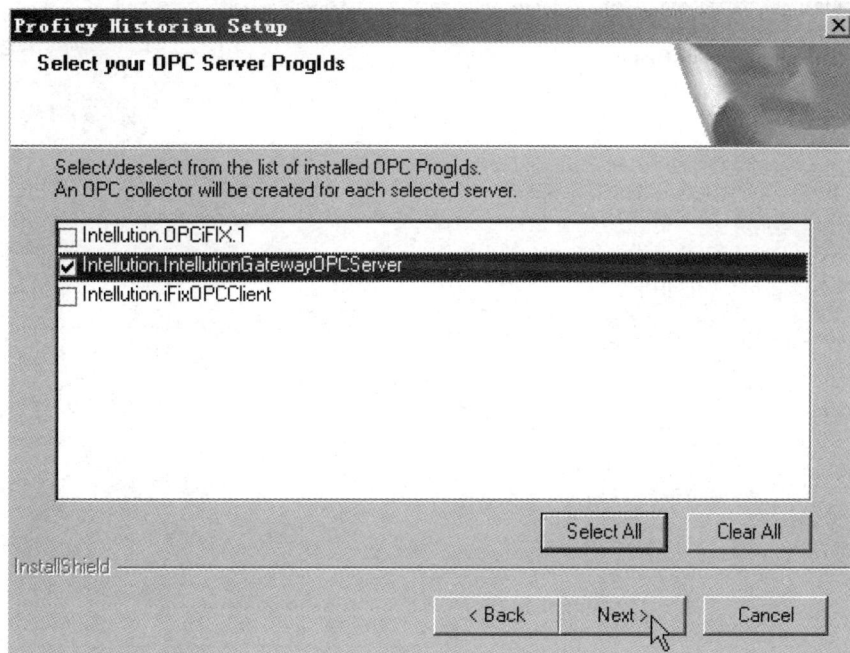

图 2-21

(9) 在弹出的程序路径窗口中，保留默认路径。单击"Browse …"按钮，选择目标文件夹中的对应文件，再单击"Next"按钮，如图 2-22 所示。

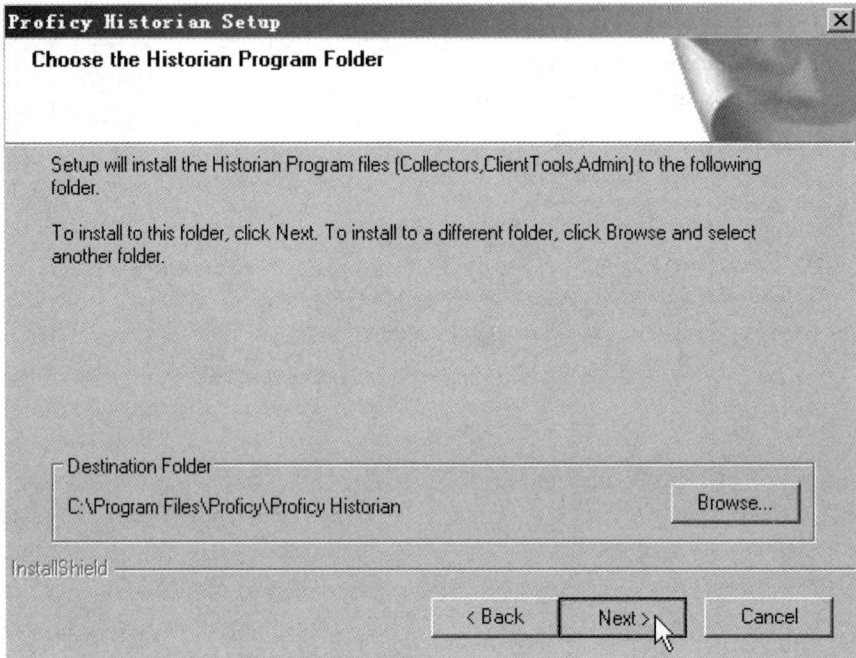

图 2-22

(10) 在"Historian Server Name"窗口中，填写 Historian 服务器的机器名后，单击"Next"按钮，如图 2-23 所示。

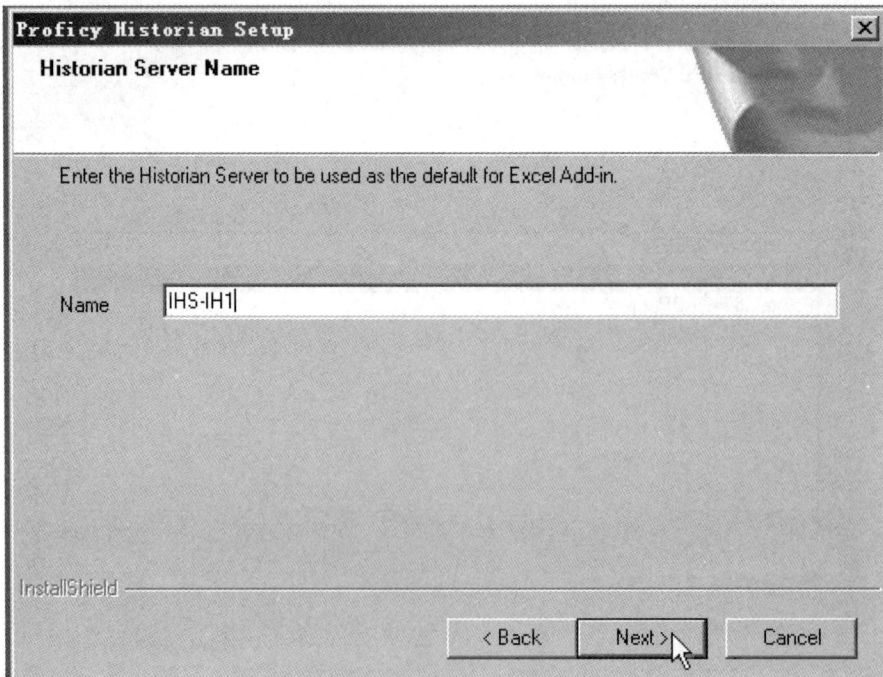

图 2-23

(11) 如无疑问，在配置确认窗口中，单击"Next"按钮，如图 2-24 所示。

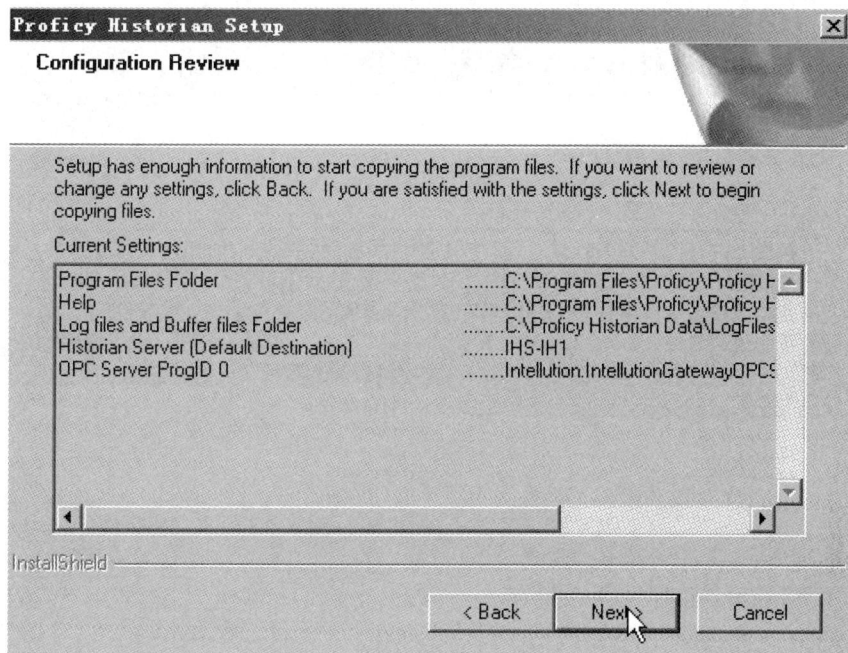

图 2-24

(12) 勾选"Yes, I want to restart my computer now."选项，然后单击"Finish"按钮，则计算机重启，如图 2-25 所示。

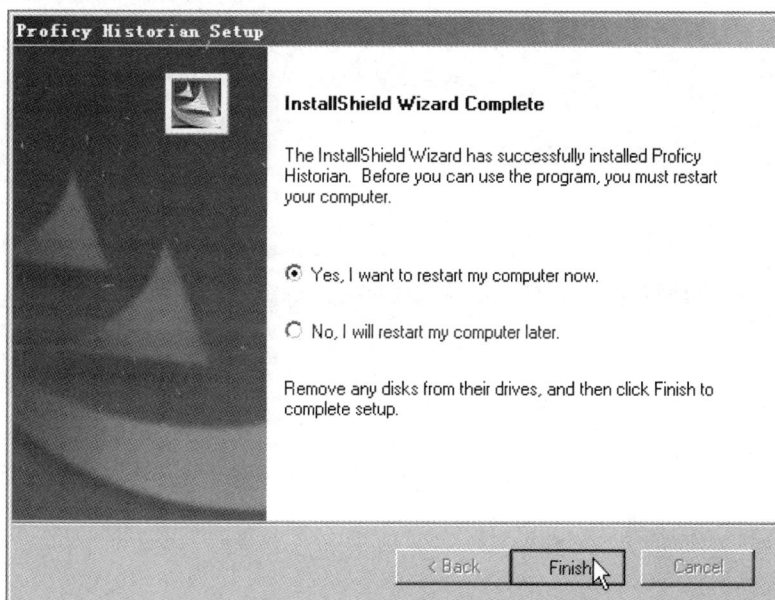

图 2-25

(13) 重新启动计算机后，用相同的用户名登录 Windows，此时用户具有管理员权限。

4. 安装 iFIX 软件

(1) 单击安装包中的"Install FrontEnd"应用程序。

(2) 单击 "Next" 按钮继续向导安装，在弹出的 "许可证协议" 对话框中，勾选 "我接受许可证协议中的条款(A)"，单击 "下一步" 按钮，如图 2-26 所示。

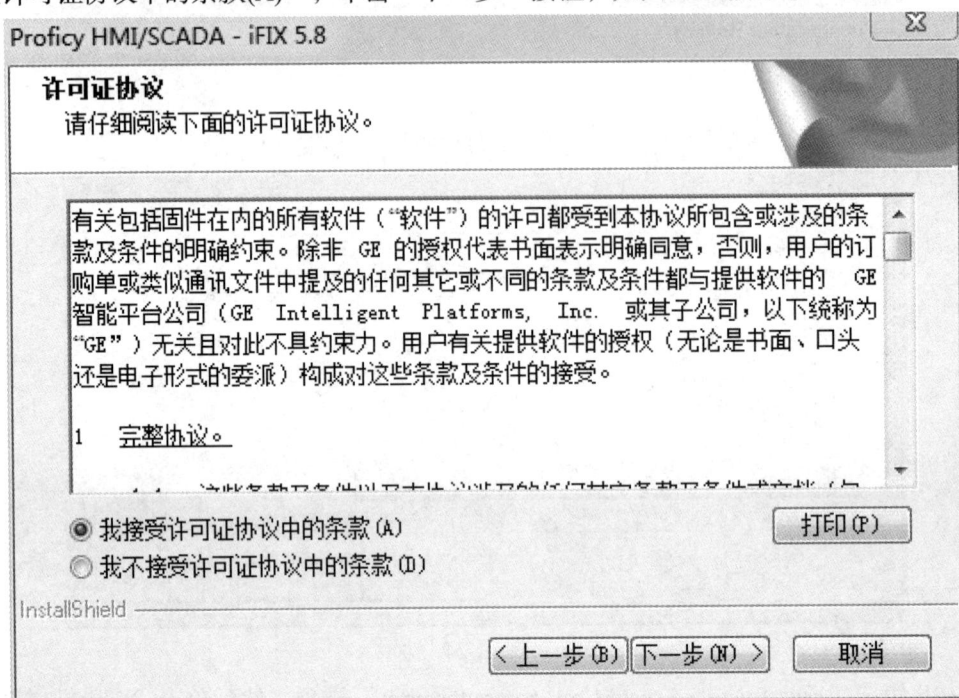

图 2-26

(3) 在图 2-27 所示的窗口中选择 "完整安装" 选项，即可安装 iFIX 软件的所有功能项。

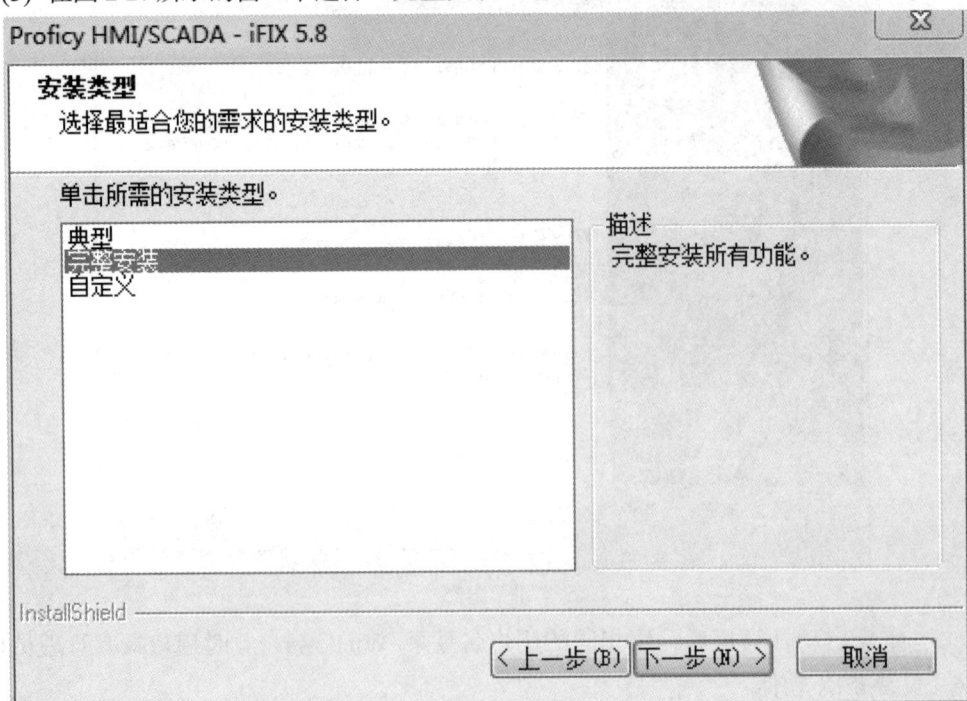

图 2-27

(4) 单击"下一步"按钮后弹出如图 2-28 所示的窗口，在该窗口中可以选择更改安装路径。注意：如不进行修改，则默认安装在 C 盘。

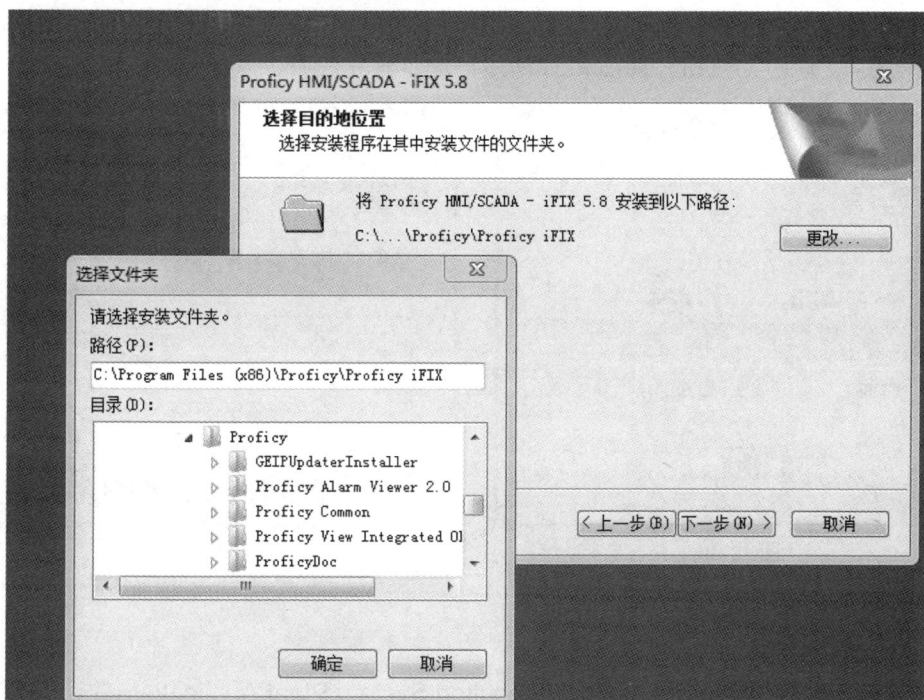

图 2-28

(5) 单击"下一步"按钮后弹出确认安装界面，单击"安装"按钮，如图 2-29 所示。

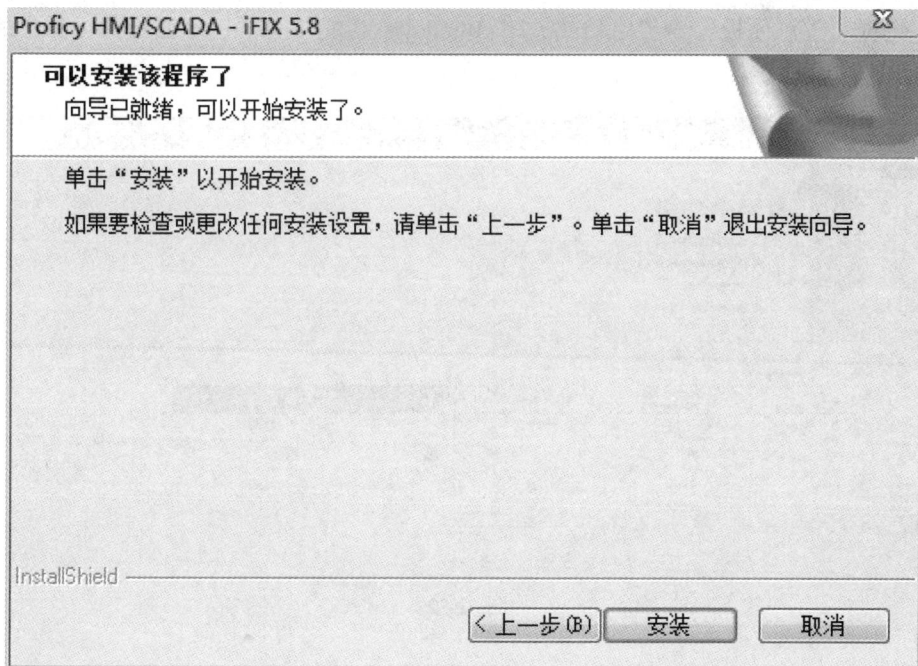

图 2-29

(6) 在配置向导窗口中，节点名默认为"FIX"，节点类型选择"SCADA 服务器"，互连选择"网络"，如图 2-30 所示。

(7) 如在安装时能够明确远程服务器或客户端的节点名称，则选择"添加"按钮；如不明确则选择"跳过"按钮，如图 2-31 所示。此步骤完成后，软件安装结束。

图 2-30

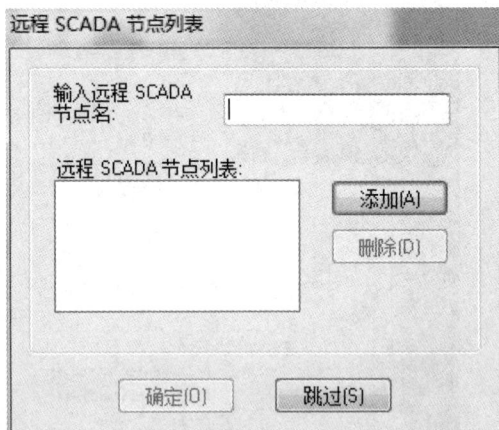
图 2-31

5. 安装 OFFICE2010 软件

具体安装步骤略。

6. 安装 MES PA(Manufacturing Execution System Plant Application)软件(安装软件必须默认路径 C 盘)

(1) 开启服务项。

① 选择"控制面板"→"启动或关闭 Windows 功能"→"控制面板"，弹出的仪表板窗口如图 2-32 所示。

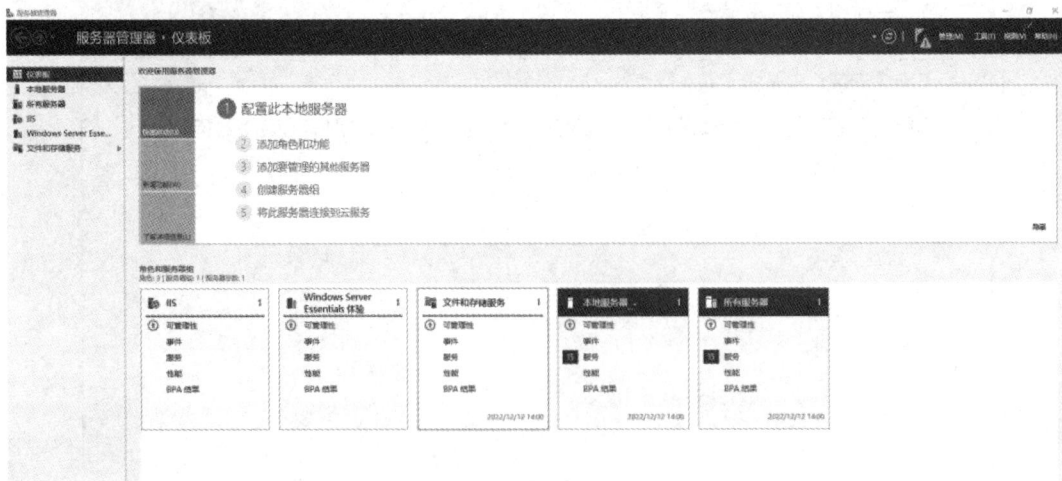
图 2-32

②　在仪表板窗口中，选择"②添加角色和功能"按钮后弹出图 2-33 所示界面。注意：该界面为操作提示界面，用以提示用户在开启服务项之前需要完成的任务。

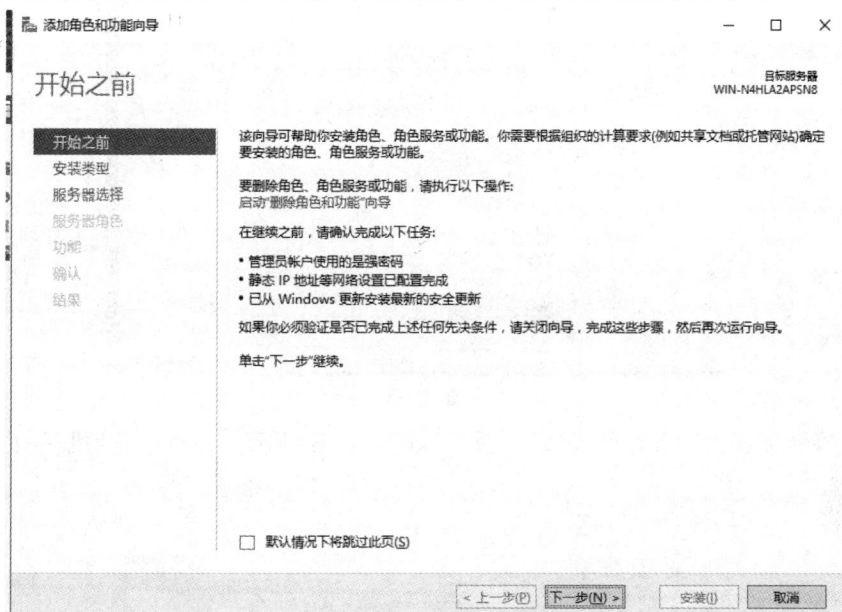

图　2-33

③　在选择服务器角色窗口中，勾选"ASP.NET.3.5(已安装)"选项，单击"下一步"按钮，如图 2-34 所示。

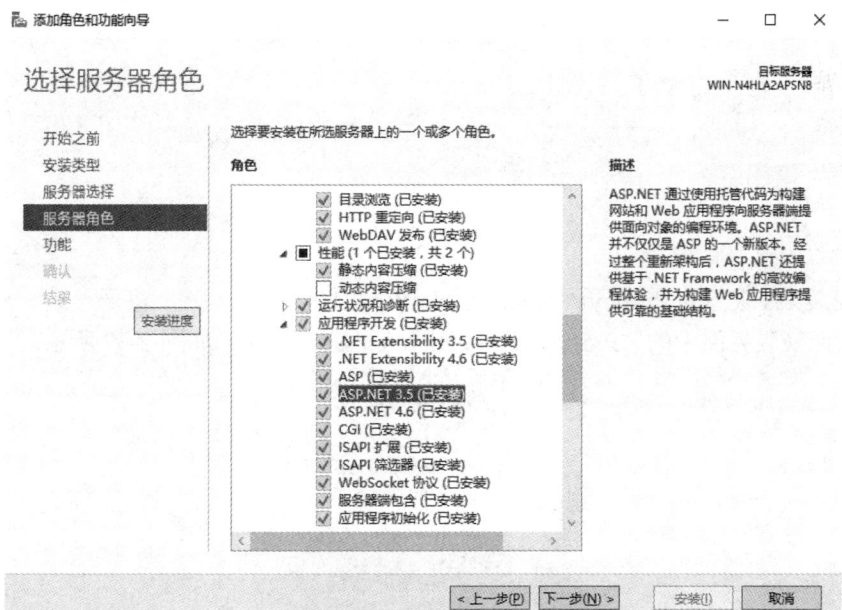

图　2-34

④　在选择功能窗口中，勾选".NET Framework 3.5 功能(已安装)"和".NET Framework4.5 功能(5 个已安装，共 7 个)""BranchCache(已安装)"选项，并单击"下一步"按钮，如图 2-35 所示。

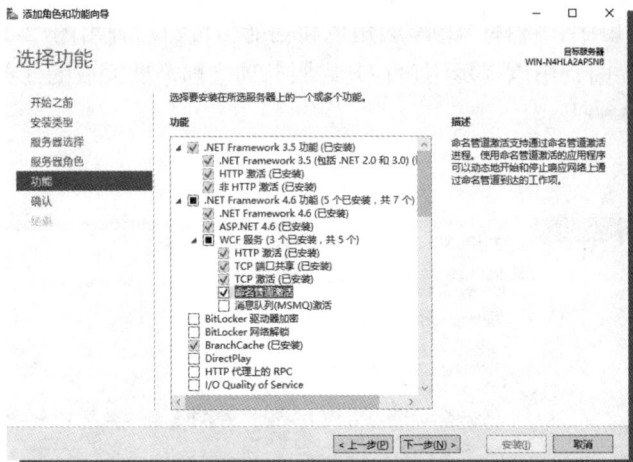

图 2-35

⑤ 若确认无误，则单击"安装"按钮，如图 2-36 所示。注意：此项服务安装完成后，重启计算机。

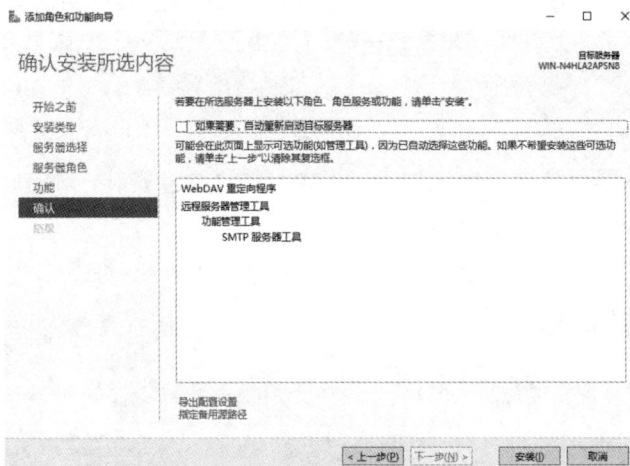

图 2-36

(2) 安装 PA 服务的 Proficy Application Server 软件。

① 选择安装界面中的"Proficy Application Server"选项，如图 2-37 所示。

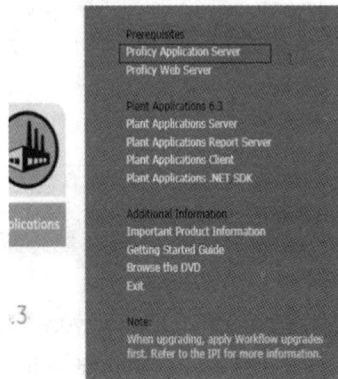

图 2-37

② 在"Proficy Client and Application Server Setup Wizard"对话框中，单击"Cancel"按钮，如图 2-38 所示。

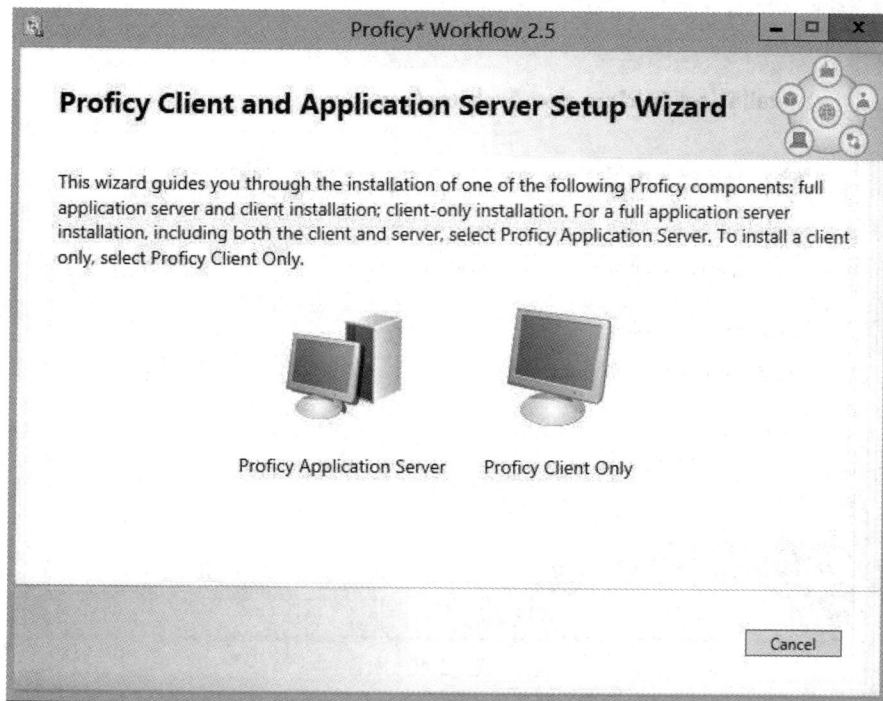

图 2-38

③ 在"License Agreement"对话框中，单击"I Agree"按钮，如图 2-39 所示。

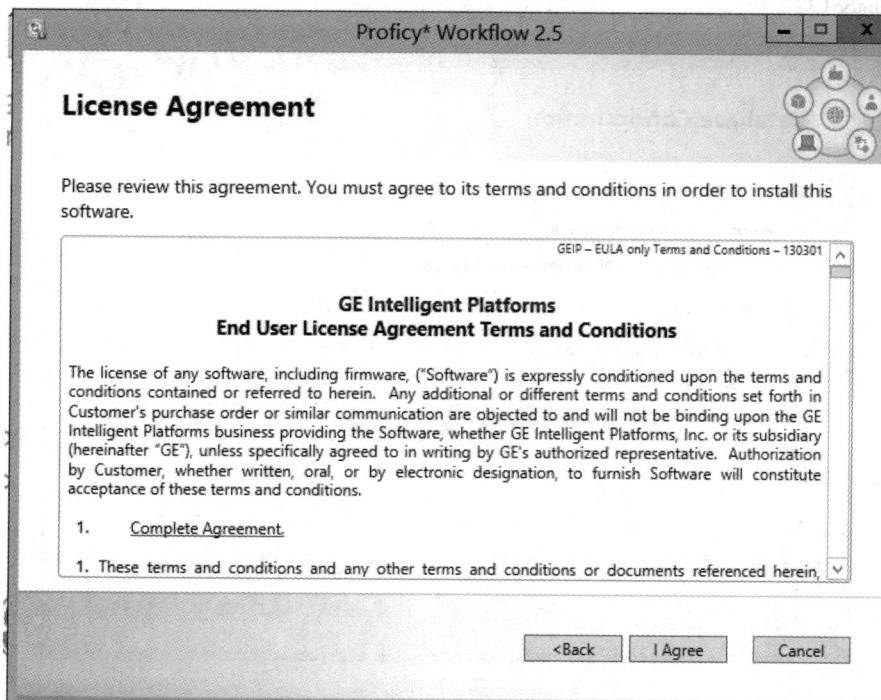

图 2-39

④ 在"Installation Folders and Architecture"对话框中，勾选"32-bit"选项，并单击"Next"按钮，如图 2-40 所示。

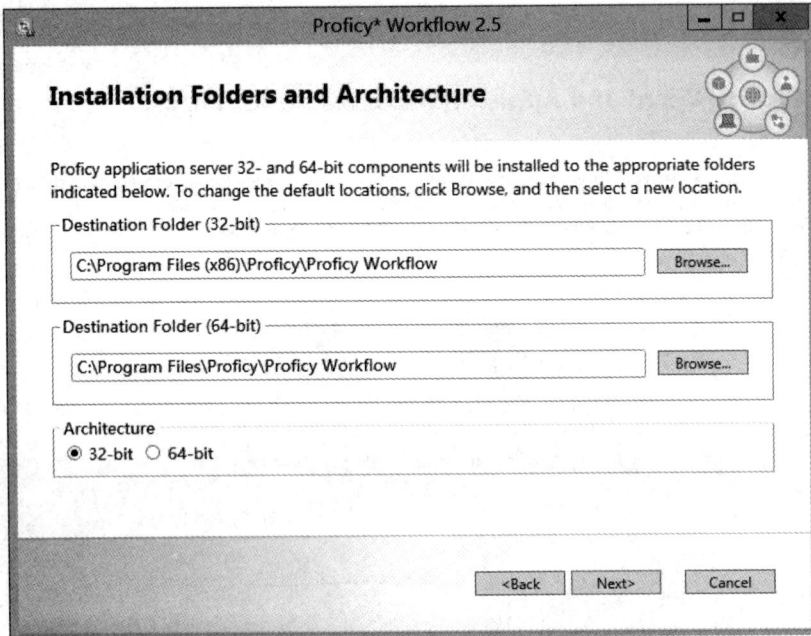

图 2-40

⑤ 在"Database Configuration"对话框中，勾选"Back up your existing database"选项，并单击"Next"选项，如图 2-41 所示。注意：取消本地 Windows 身份验证，Password 输入"Huatec123"。

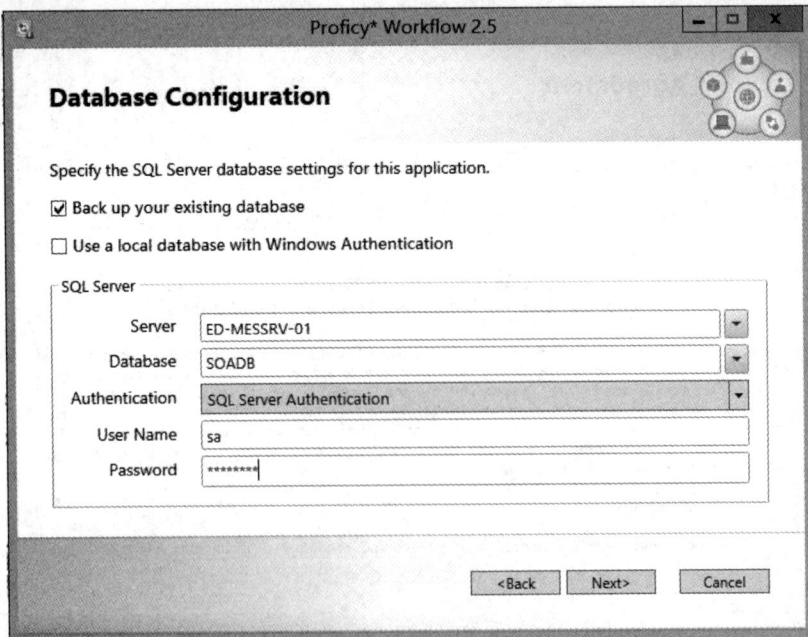

图 2-41

⑥ 在"Security"对话框中，输入"Admin"，并单击"Next"按钮，如图 2-42 所示。

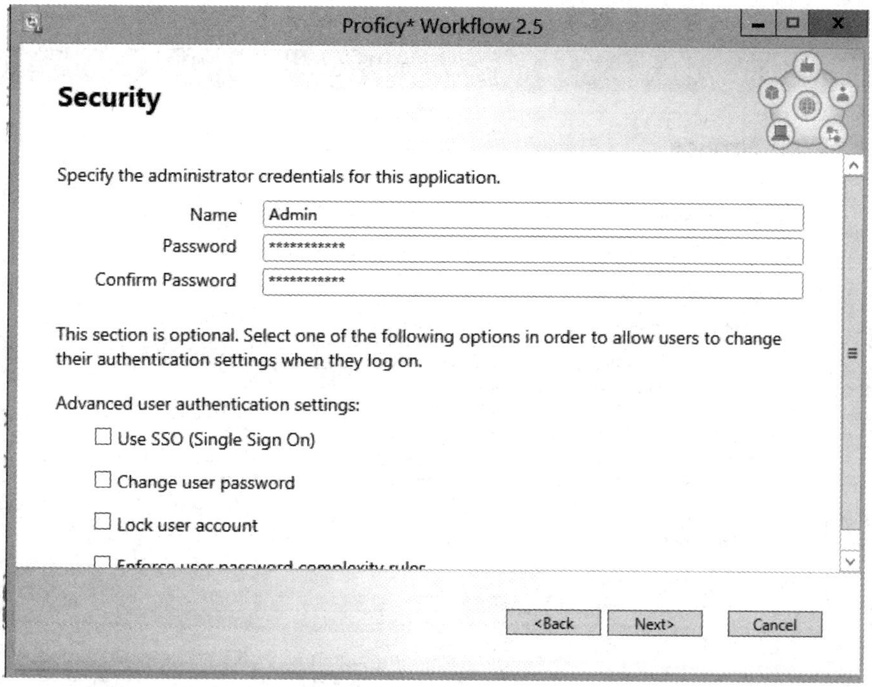

图 2-42

⑦ 在"Service Certificates"的对话框中，勾选"Generate new and unique certificates"选项，并单击"Next"按钮，如图 2-43 所示。

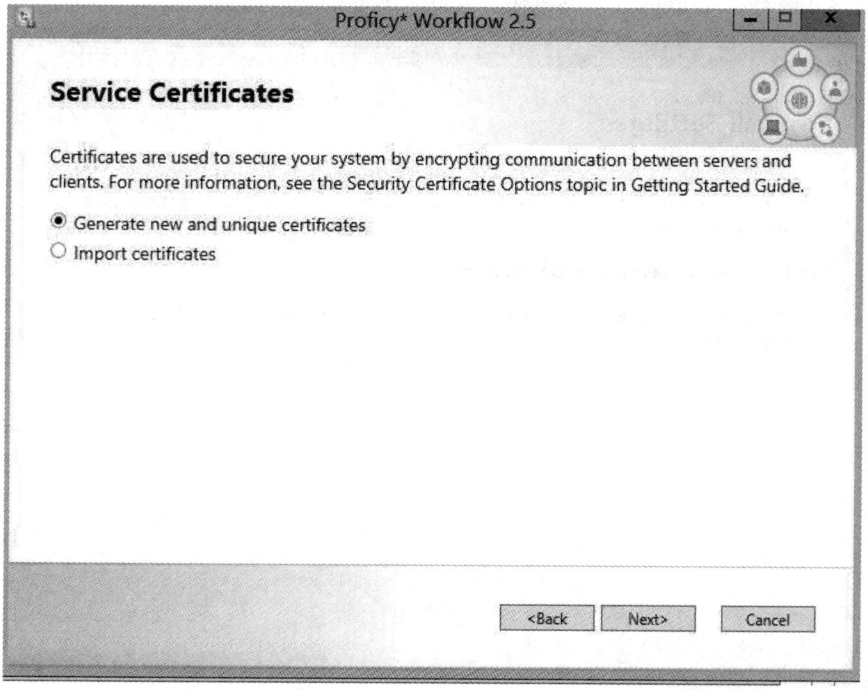

图 2-43

⑧ 在"Web Server"对话框中，配置用户名及其密码，单击"Next"按钮，如图 2-44 所示。注意：KSPUser 账户密码为"KSPUser"。

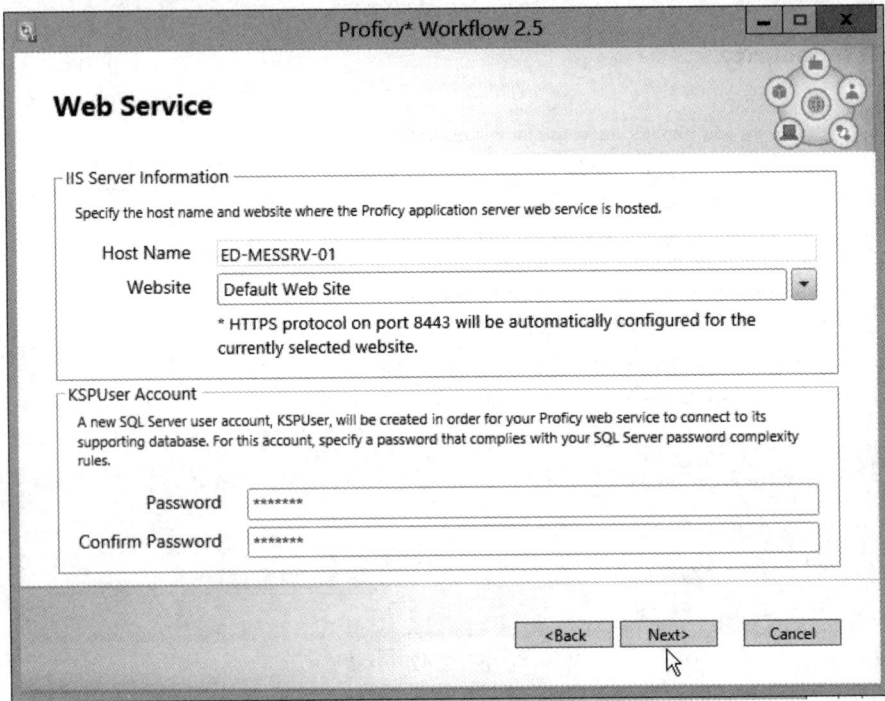

Web Service

IIS Server Information

Specify the host name and website where the Proficy application server web service is hosted.

Host Name ED-MESSRV-01

Website Default Web Site

* HTTPS protocol on port 8443 will be automatically configured for the currently selected website.

KSPUser Account

A new SQL Server user account, KSPUser, will be created in order for your Proficy web service to connect to its supporting database. For this account, specify a password that complies with your SQL Server password complexity rules.

Password *******

Confirm Password *******

图 2-44

⑨ 在"Firewall Settings"对话框中，单击"Next"按钮，如图 2-45 所示。

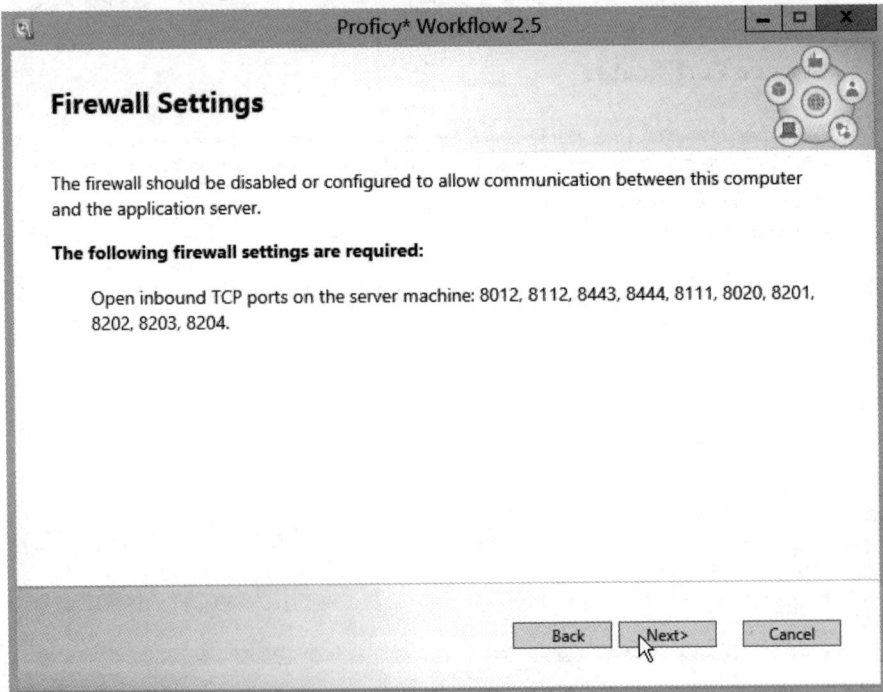

Firewall Settings

The firewall should be disabled or configured to allow communication between this computer and the application server.

The following firewall settings are required:

Open inbound TCP ports on the server machine: 8012, 8112, 8443, 8444, 8111, 8020, 8201, 8202, 8203, 8204.

图 2-45

⑩ 图 2-46 所示为正在安装的界面。注意：此过程较长，请耐心等待。

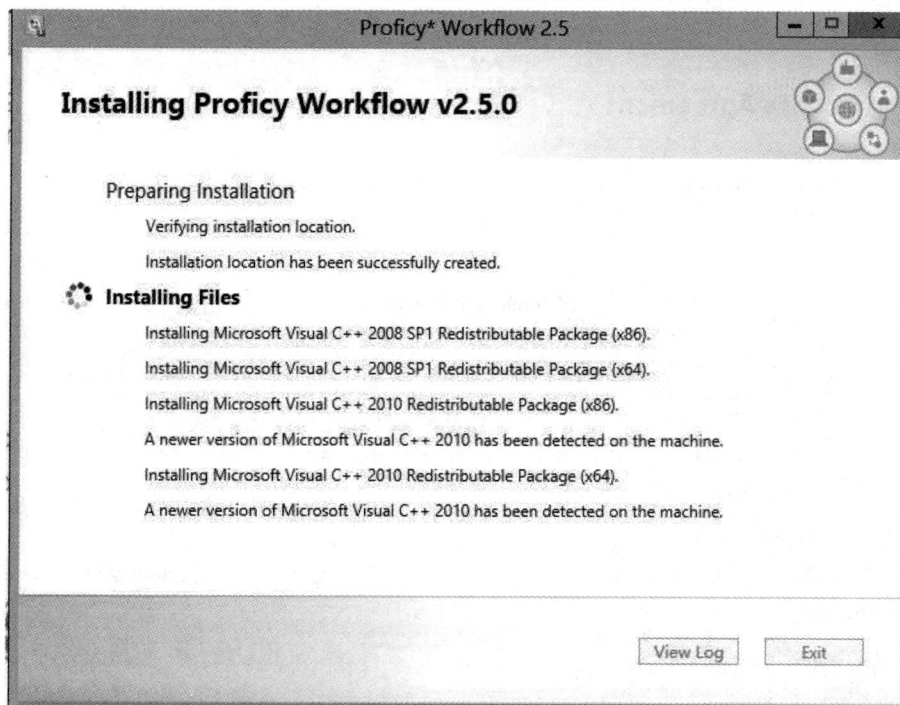

图 2-46

⑪ 安装完成界面，如图 2-47 所示。注意：单击"View Log"按钮可查看安装日志。

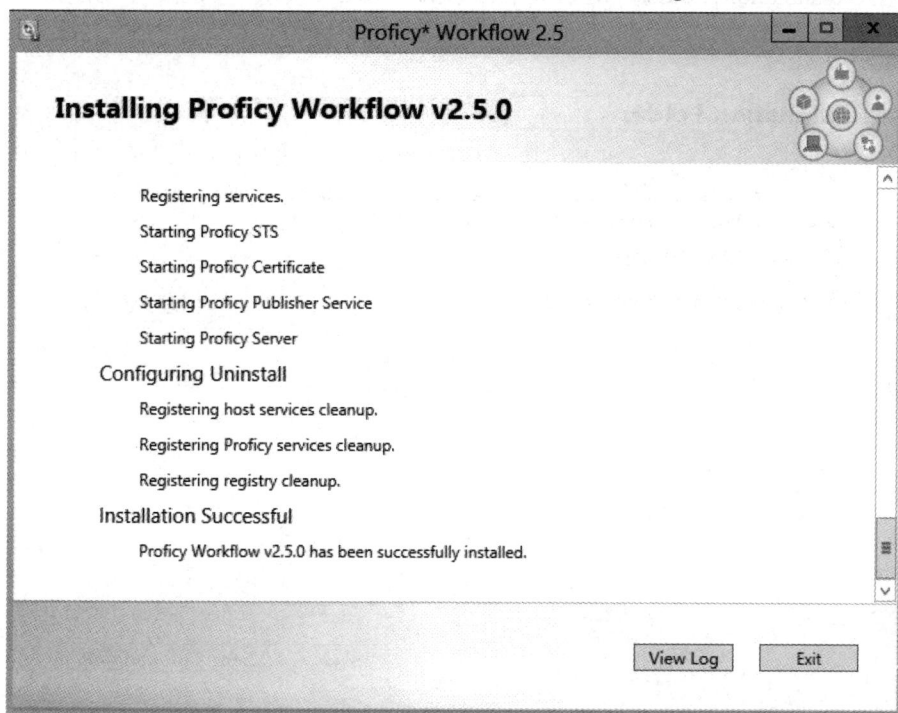

图 2-47

⑫ 在"License Agreement"对话框中，单击"I Agree"按钮，如图 2-48 所示。

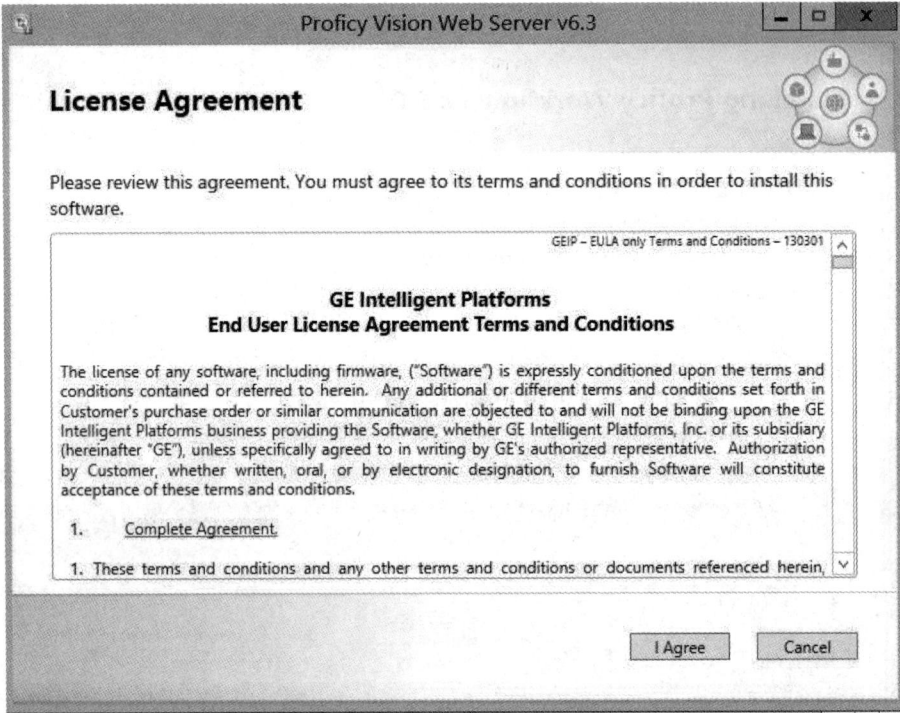

图 2-48

⑬ 在"Installation Folder"对话框中，单击"Next"按钮，如图 2-49 所示。

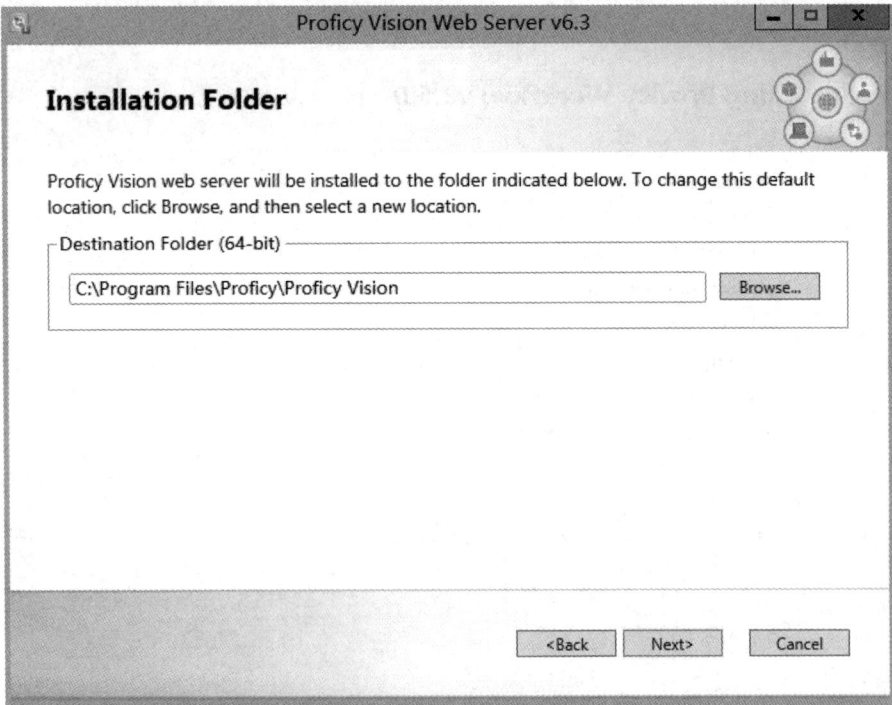

图 2-49

⑭ 在"Application Server"对话框中，配置服务器及其密码，单击"Next"按钮，如图 2-50 所示。

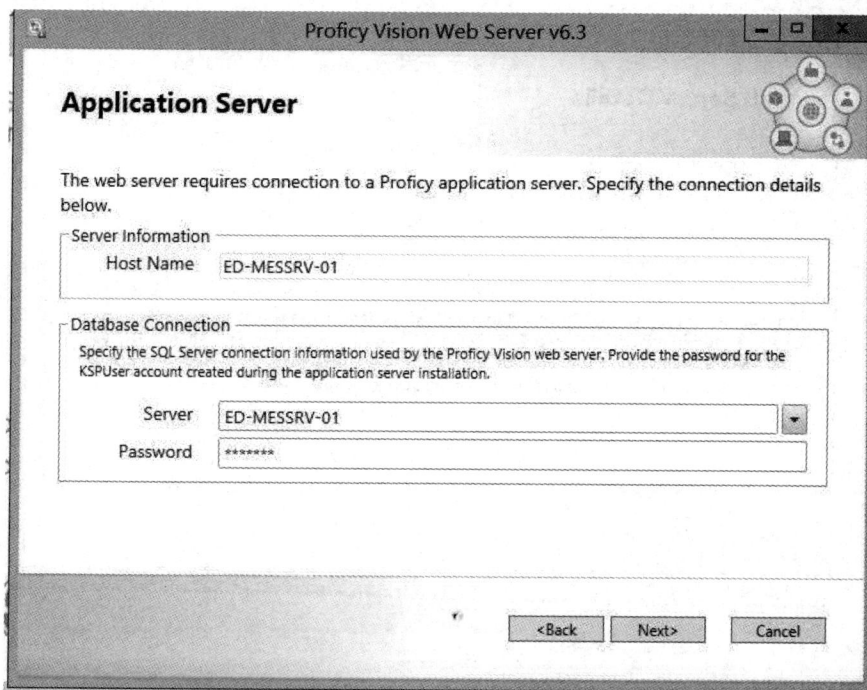

图 2-50

⑮ 在"Digital Certificates"对话框中，配置本地计算机数据与 Web 的登录及数据传输的权限，单击"Next"按钮，如图 2-51 所示。

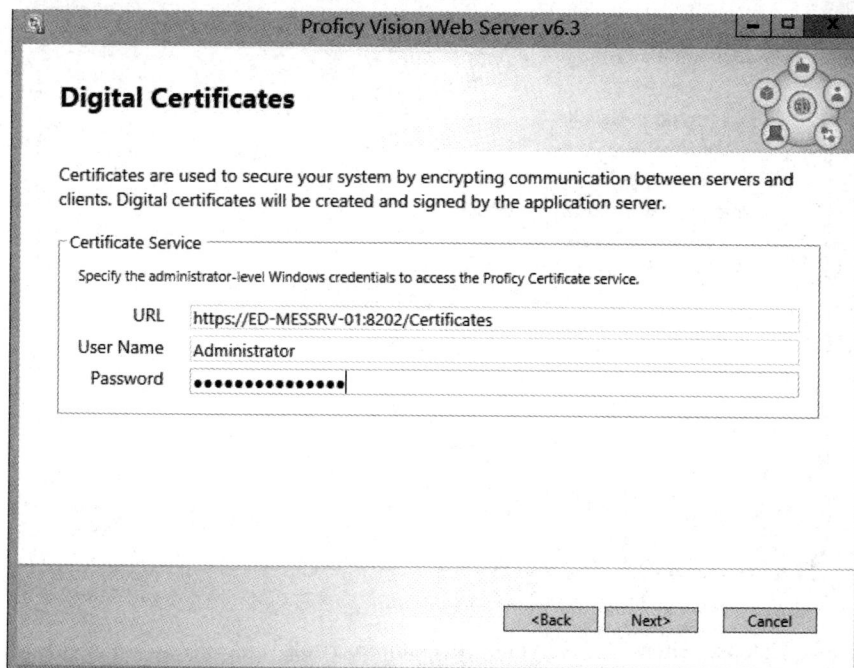

图 2-51

⑯ 在"Web Server Details"对话框中，配置服务器和端口号，单击"Next"按钮，如图 2-52 所示。

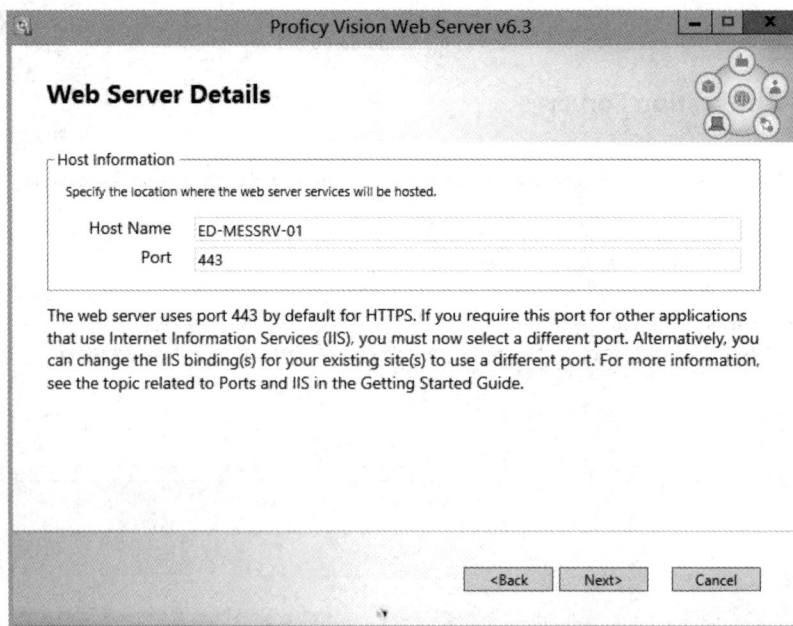

图 2-52

⑰ 在"Installing Proficy Vision Web Server v6.3"对话框中，单击"Exit"按钮，退出安装，如图 2-53 所示。

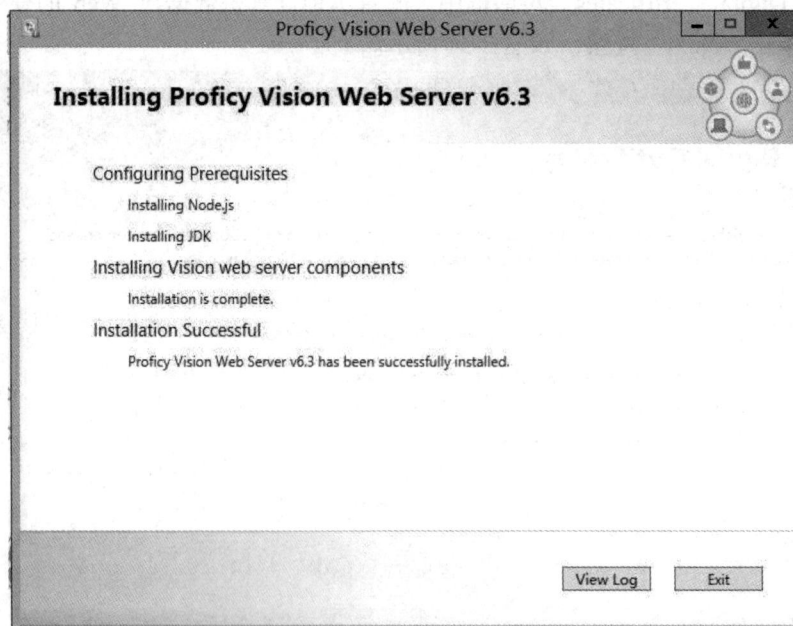

图 2-53

⑱ 安装"License Client""Server"和"Server Tools"软件。

⑲ 激活软件(步骤 ⑱ 已安装)，如图 2-54 所示。

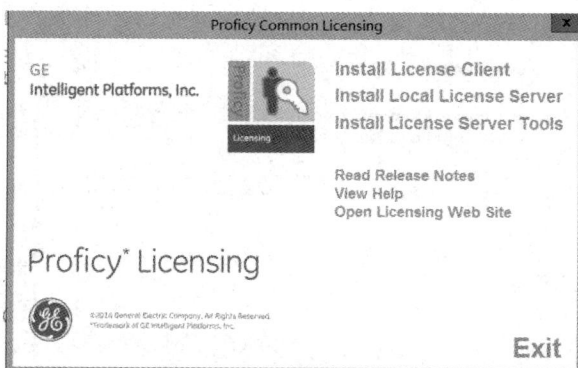

图 2-54

(3) 安装 Plant Applications Server 软件。

① 在 "License Agreement" 界面中，单击 "I Agree" 按钮，如图 2-55 所示。

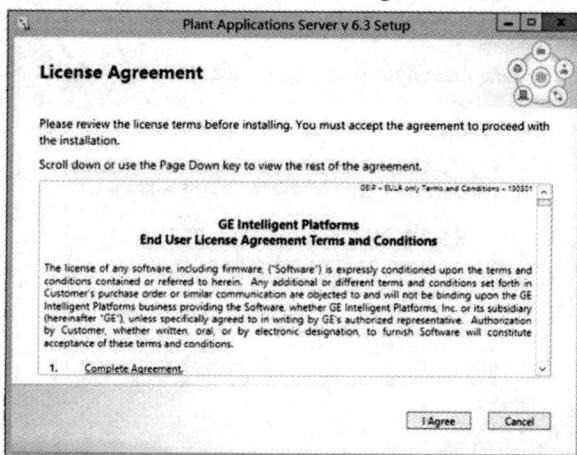

图 2-55

② 在 "Configure Security" 界面中，配置用户名和密码，如图 2-56 所示，单击 "Next" 按钮后弹出如图 2-57 所示的对话框。

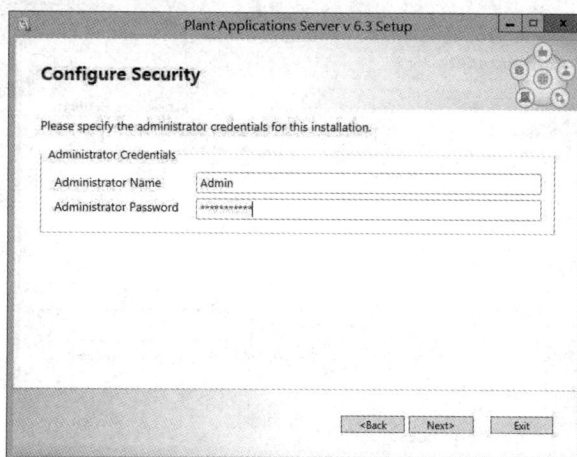

图 2-56

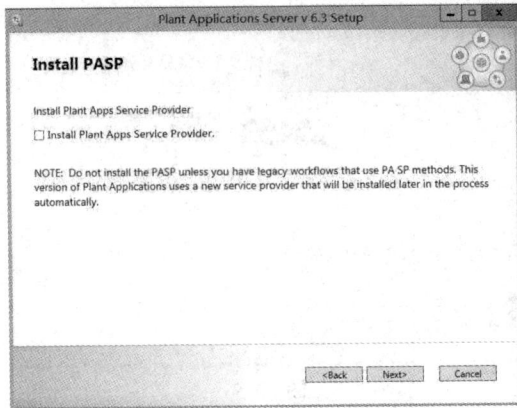

图 2-57

③ 在"Services Running"对话框中，单击"确定"按钮，如图 2-58 所示。

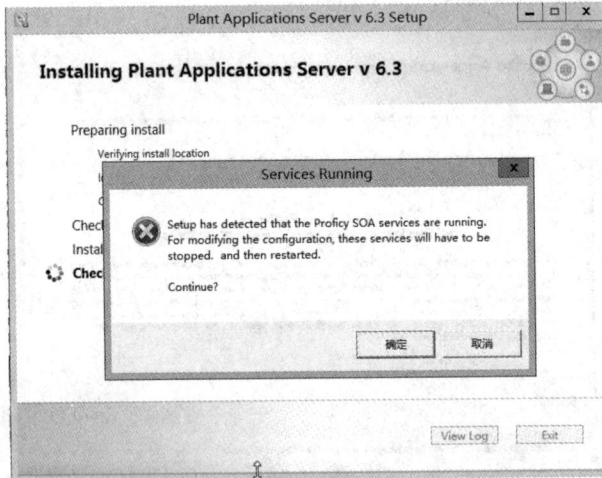

图 2-58

④ 在"Configure Site"对话框中，单击"Save"按钮，如图 2-59 所示。

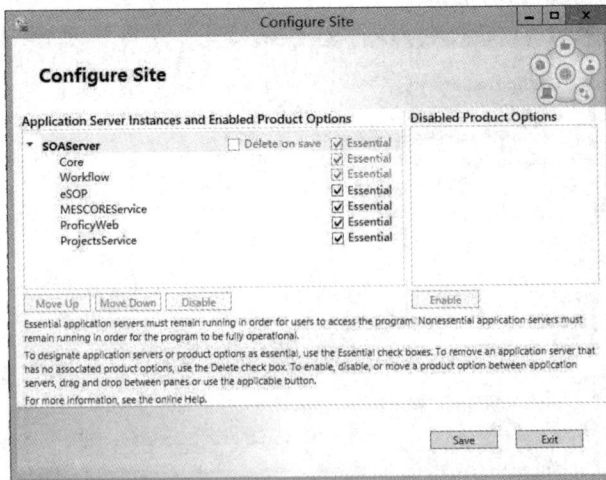

图 2-59

⑤ 安装完成界面如图 2-60 所示。

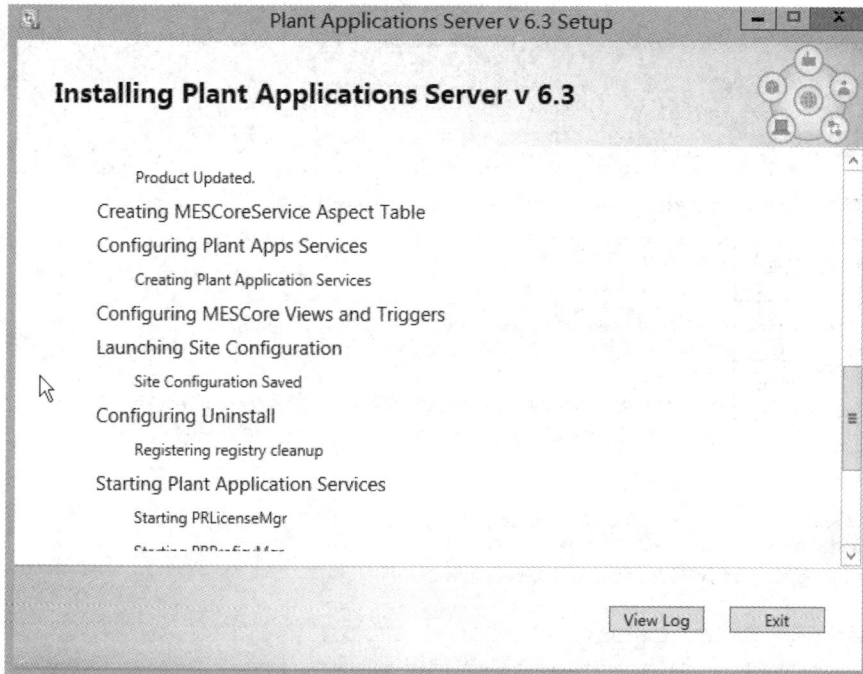

Installing Plant Applications Server v 6.3

Product Updated.
Creating MESCoreService Aspect Table
Configuring Plant Apps Services
    Creating Plant Application Services
Configuring MESCore Views and Triggers
Launching Site Configuration
    Site Configuration Saved
Configuring Uninstall
    Registering registry cleanup
Starting Plant Application Services
    Starting PRLicenseMgr

图　2-60

(4) 安装 PA 客户端。

① 在 PA 客户端安装向导的欢迎界面中，单击 "Next" 按钮，如图 2-61 所示。

Welcome to the InstallShield Wizard for Plant Applications Client

The InstallShield(R) Wizard will install Plant Applications Client on your computer. To continue, click Next.

WARNING: This program is protected by copyright law and international treaties.

图　2-61

② 在选择安装组件界面中，单击"Next"按钮，如图 2-62 所示。

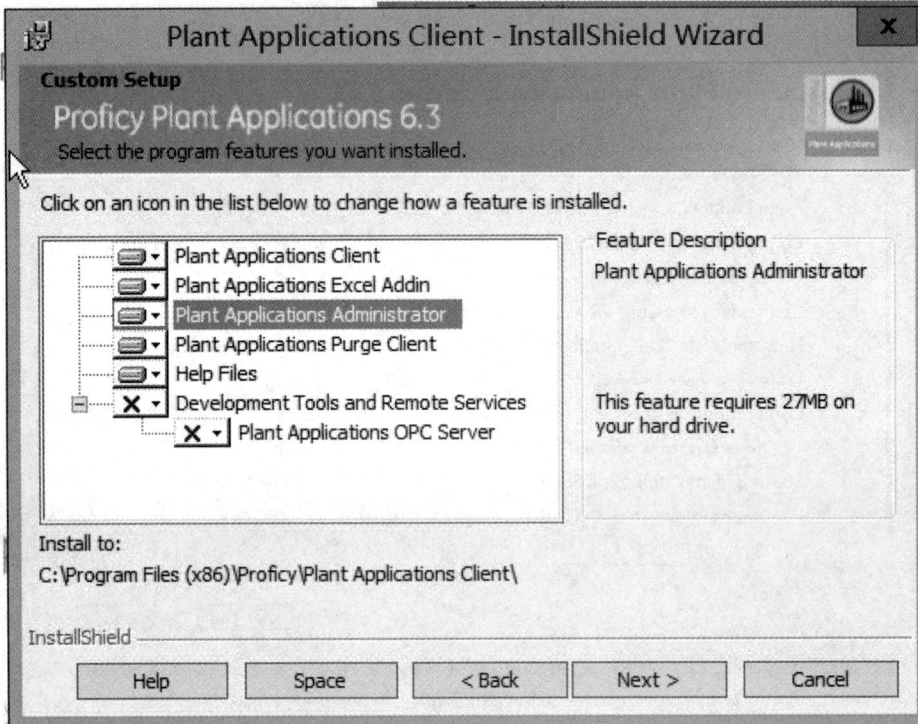

图 2-62

③ 在选择工厂应用数据库服务器界面中，单击"Next"按钮，如图 2-63 所示。

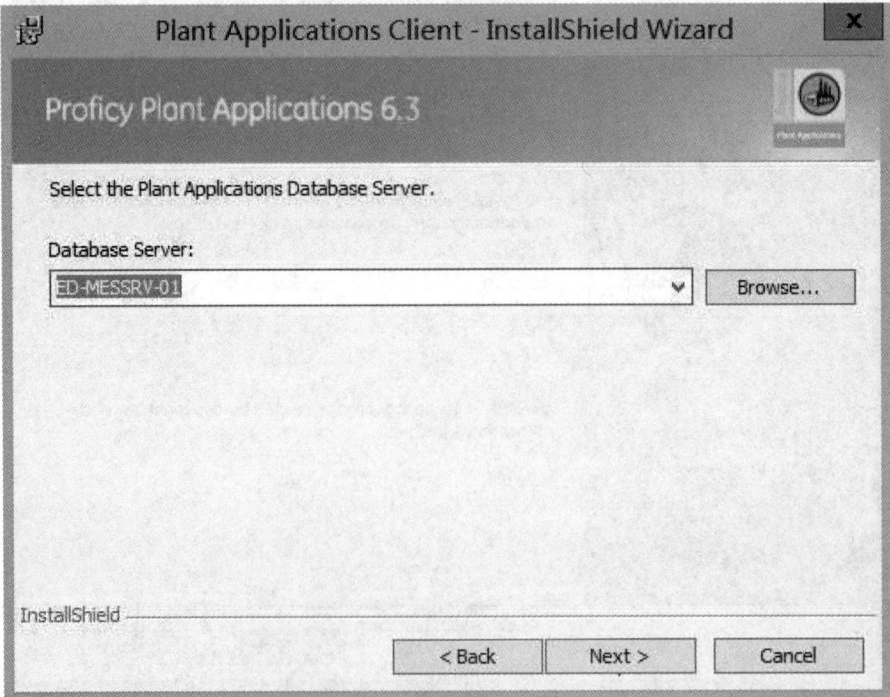

图 2-63

④ 在等待安装界面中，单击"Next"按钮，如图 2-64 所示。

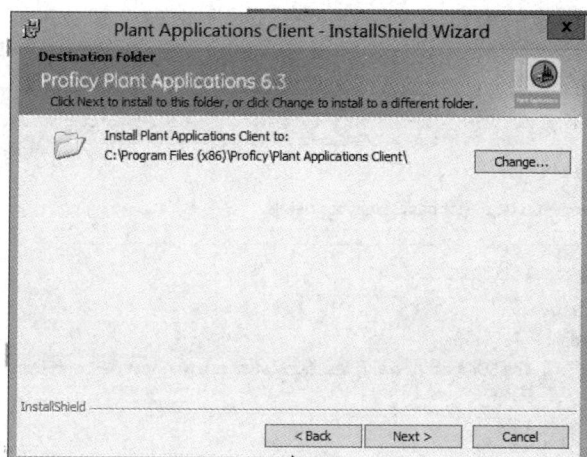

图 2-64

⑤ 在准备安装界面中，单击"Install"按钮，如图 2-65 所示。

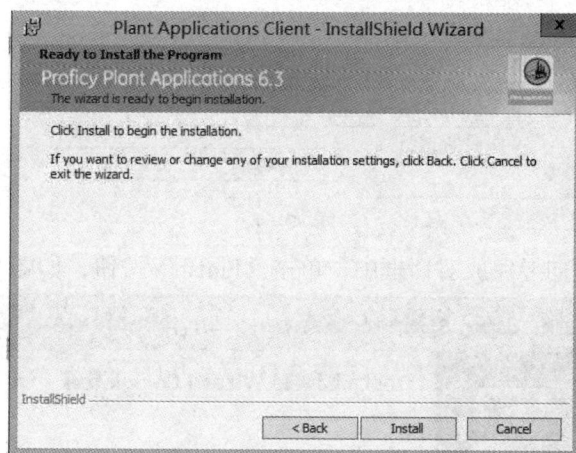

图 2-65

⑥ PA客户端安装完成后，单击"Finish"按钮，如图 2-66 所示。

图 2-66

(5) 安装 PA SDK Client 软件。

① 在如图 2-67 所示的窗口中，勾选 "Typical" 选项，并单击 "Next" 按钮，如图 2-67 所示。

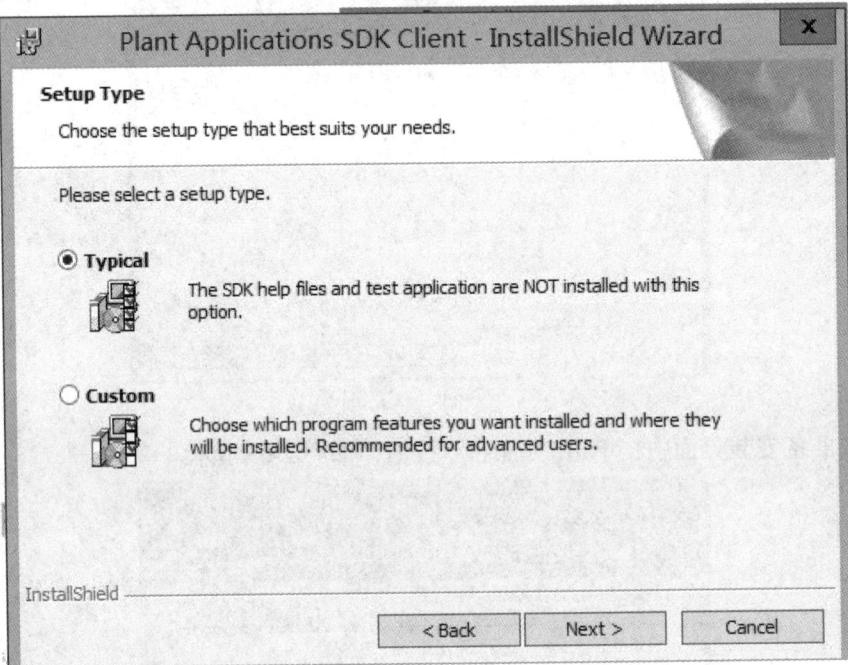

图 2-67

② 在弹出的安装向导完成对话框中，单击 "Finish" 按钮，如图 2-68 所示。

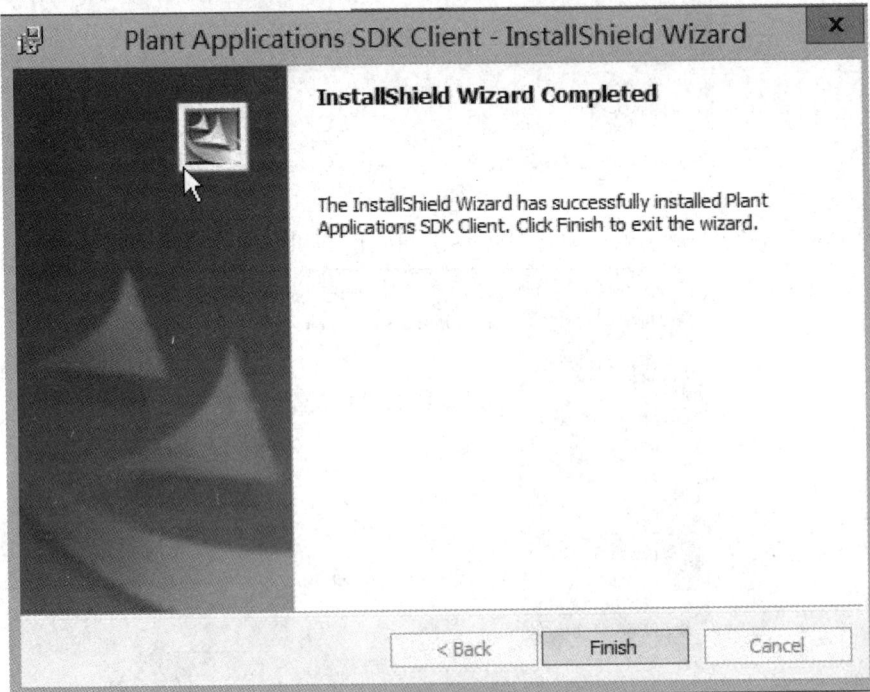

图 2-68

(6) 图 2-69 所示的配置时区在安装 PA 软件后，若时区还不正确则会出现乱码。注意：安装 PA 软件的帐号为 comxclient，密码为 comx。

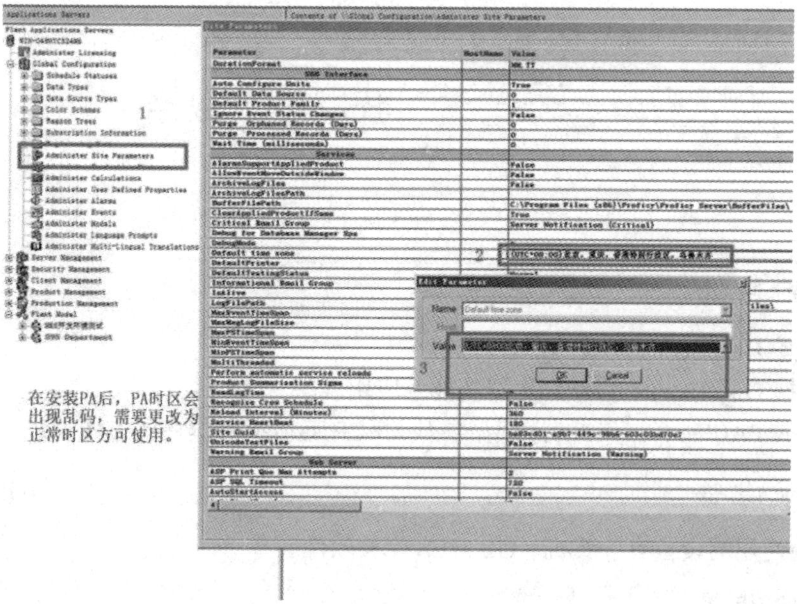

图 2-69

五、 注意事项

GE MES 开发所涉及的软件要安装在其规定的操作系统和 SQL 数据库版本环境内，以免造成安装失败。

获取生产数据

一、实验目的

(1) 熟悉 Historian 原理及其部署方法。

(2) 掌握 Historian 的 iFIX 采集器功能及应用。

(3) 掌握 PA(Plant Application)模型参数关联 Historian 数据库的方法。

二、实验设备

本实验使用的设备有计算机、GE MES 相关软件。

三、实验背景

配置 Historian 数据库。学会在 IFX 采集器中建立变量。能够将建立的变量在 PA 和 Historian 数据库中建立关联。后面的生产信息中需要建立许多变量来存储数据。

四、实验步骤

1. 配置 Historian 数据库

(1) 在"开始"菜单里面，打开 Historian 数据库。

(2) 在"开始"菜单里面，打开 iFIX 5.8 软件，如图 3-1、图 3-2、图 3-3 所示。

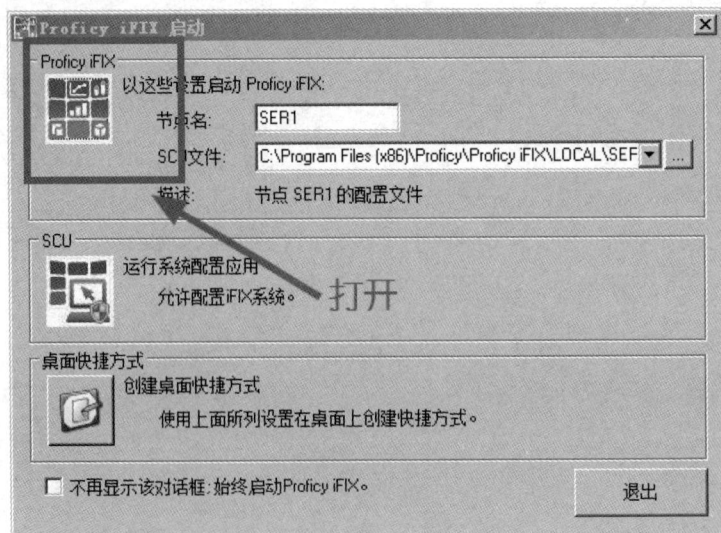

图 3-1

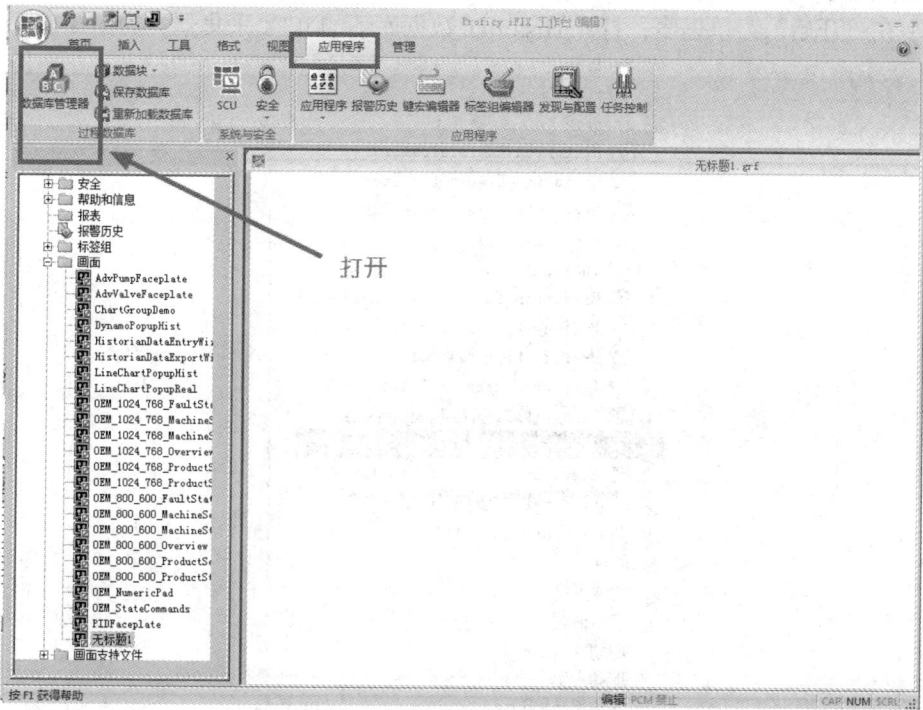

图 3-2

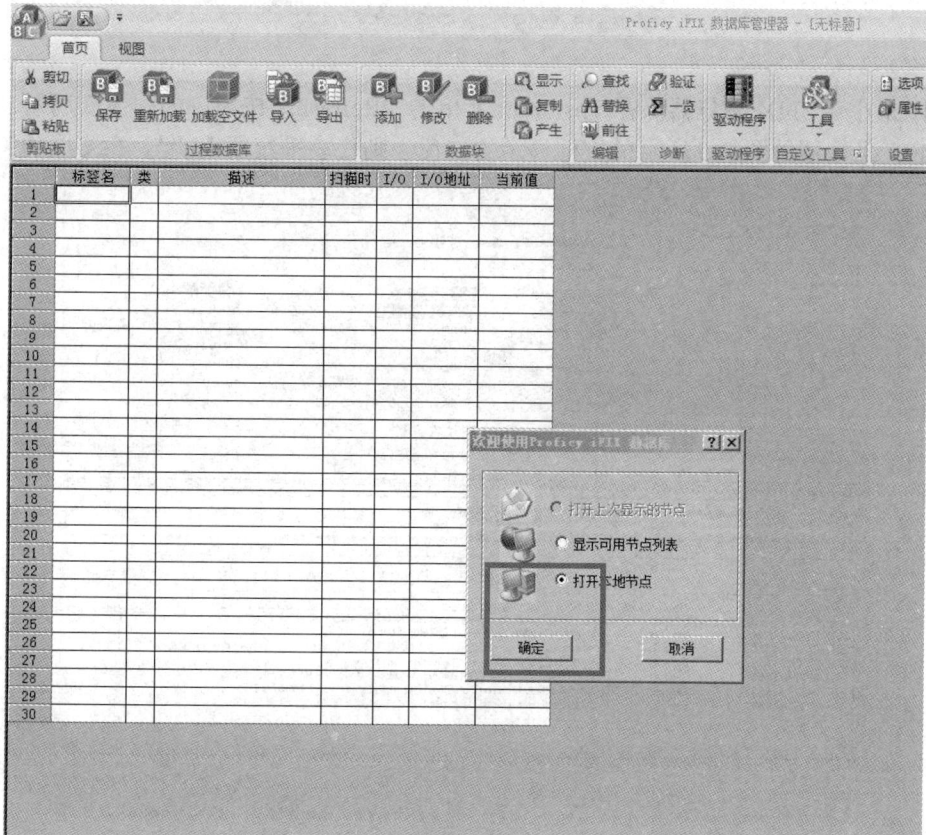

图 3-3

(3) 在"开始"菜单里面，打开 Historian 数据库下的 iFIX 采集器，如图 3-4 所示。

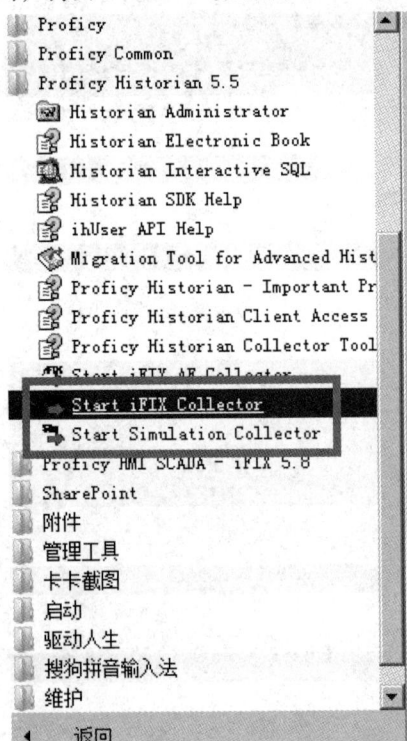

图 3-4

(4) 最小化 iFIX 采集器。在 Historian 上单击"Refresh"按钮，如图 3-5 所示。注意：如果 iFIX 采集器的图 3-5 所示的方框显示为红色，则代表采集器未能与 iFIX 成功关联上。

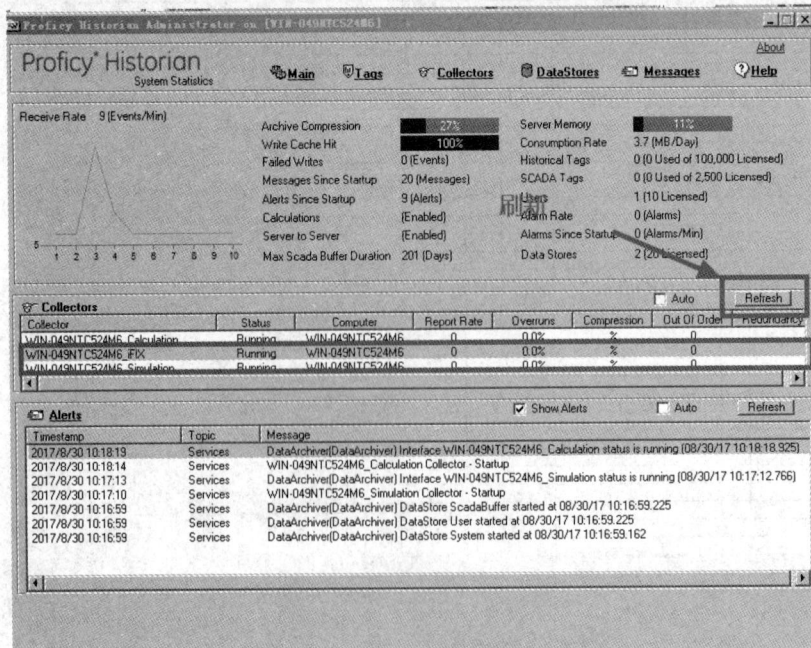

图 3-5

(5) 建立一个模拟量变量，选择数据块类型如图 3-6 所示。

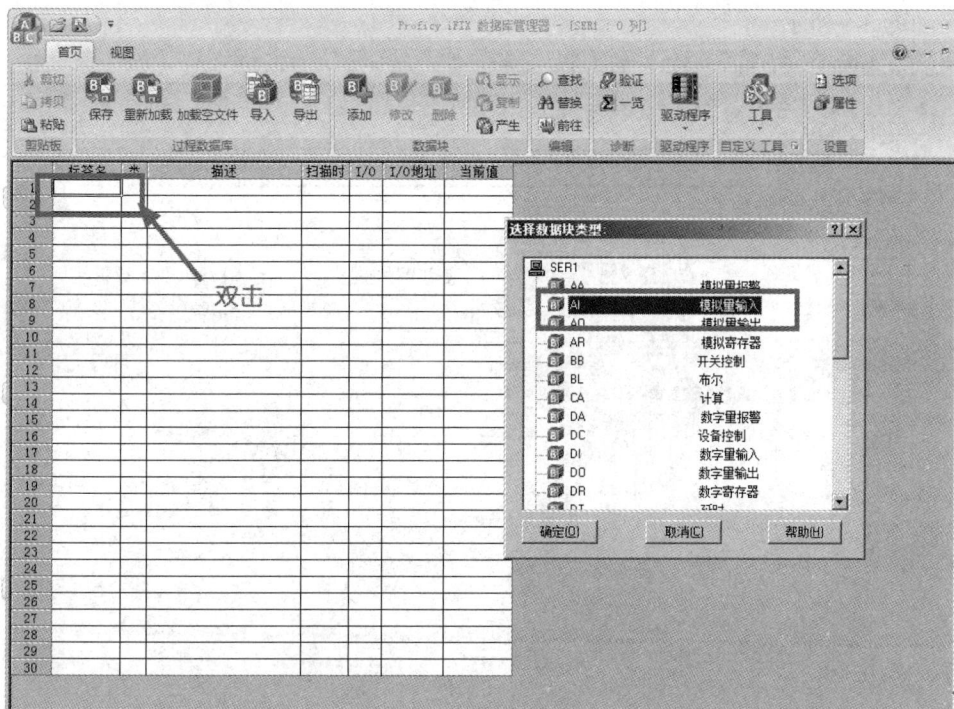

图　3-6

(6) 在"基础"选项卡中为建立的模拟两变量添加标签名，修改变量的信息和变量的 I/O 地址，如图 3-7 所示。

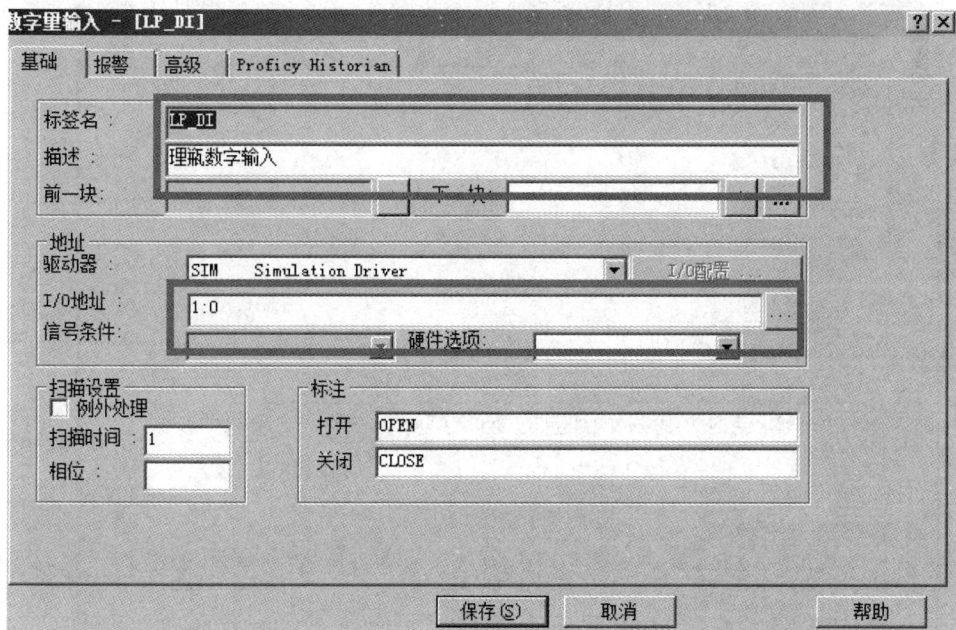

图　3-7

(7) 在"高级"选项卡中，修改变量的选项为"允许输出"，以便手动输入数据，如图 3-8 和图 3-9 所示。

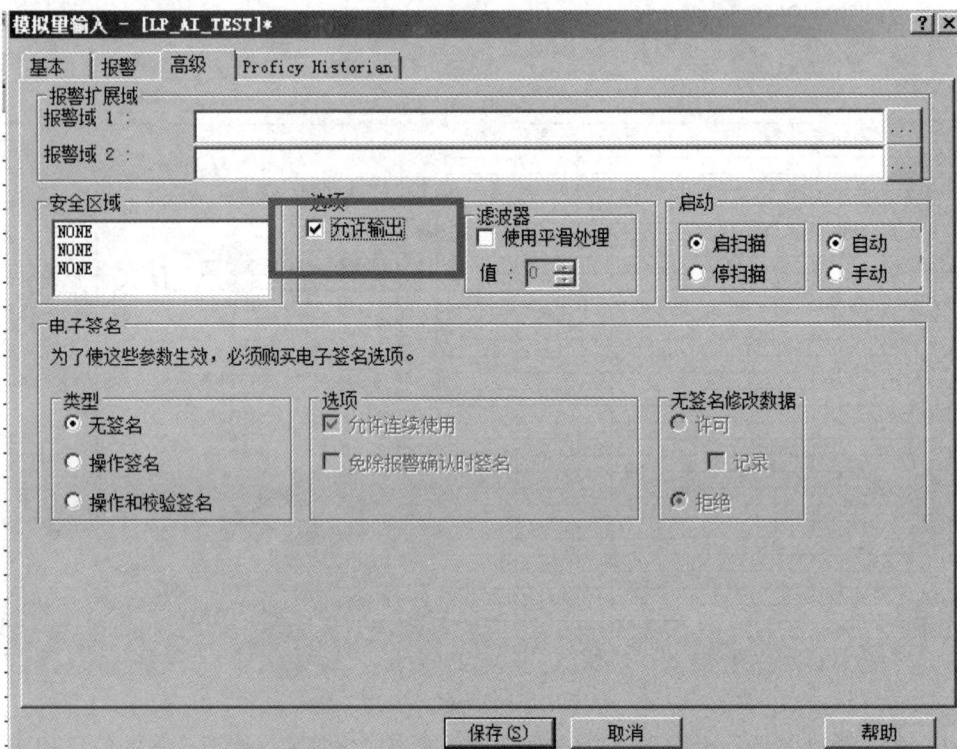

图 3-8

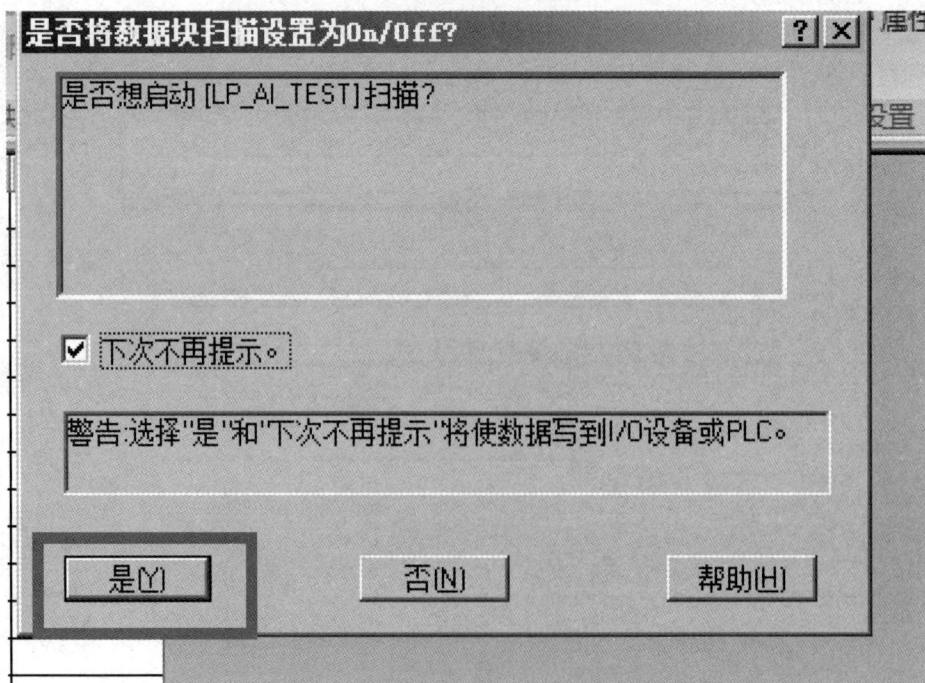

图 3-9

(8) 手动是可以给值的,如图 3-10 所示。注意:数字量输入输出和模拟量的建立过程是一样的。

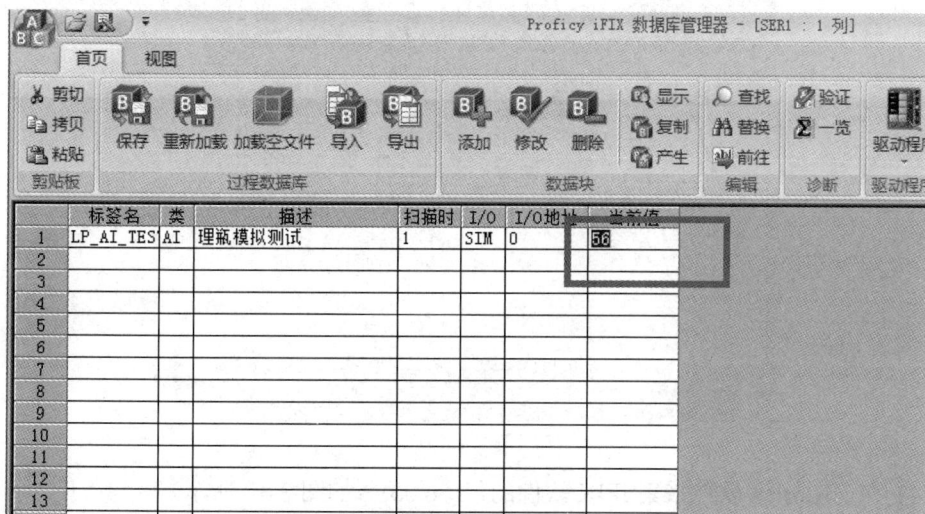

图 3-10

(9) 在 Historian 数据库上添加变量,如图 3-11 所示。

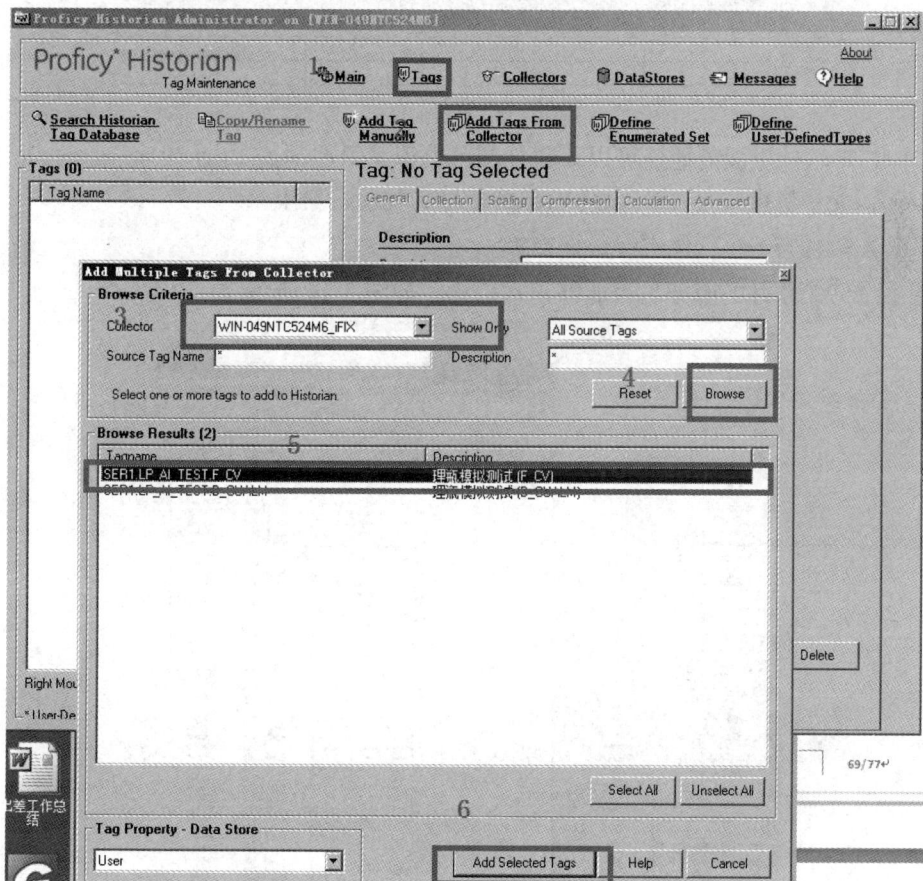

图 3-11

(10) 变量添加成功后，即可检验变量的值是否采集上来，如图 3-12 所示。

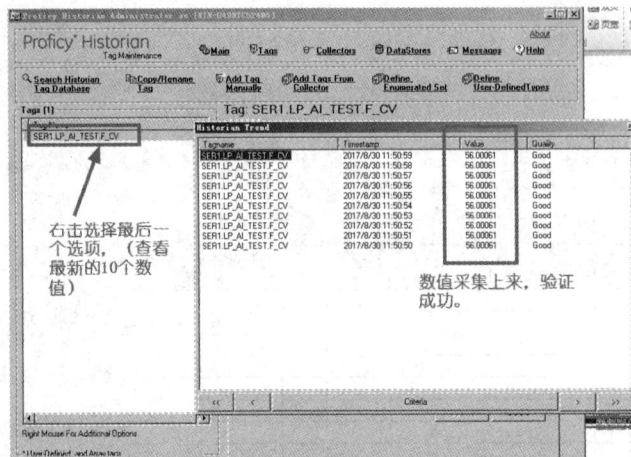

图　3-12

(11) 在 Historian 软件采集 iFIX 软件的值(56.00)，如图 3-13 所示。

图　3-13

(12) iFIX 软件里面的地址可以关联外部可编程逻辑控制器 PLC (Programmable Logic Controller)，变量也可以是 iFIX 软件内部的地址，均可采集上来。

2. iFIX 软件与 PA 软件进行数据交换

(1) 检查 PA 软件的服务是否能够正常启动，如图 3-14 所示。

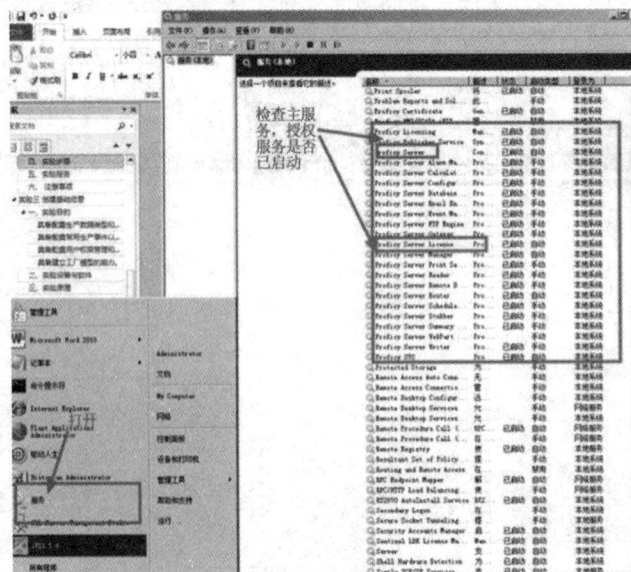

图　3-14

(2) 打开 PA 软件的服务项，如图 3-15 所示。

(3) 图 3-16 所示为服务状态界面。注意：如果在以后出现数据更新不正常的情况，可以重启服务项。

图 3-15

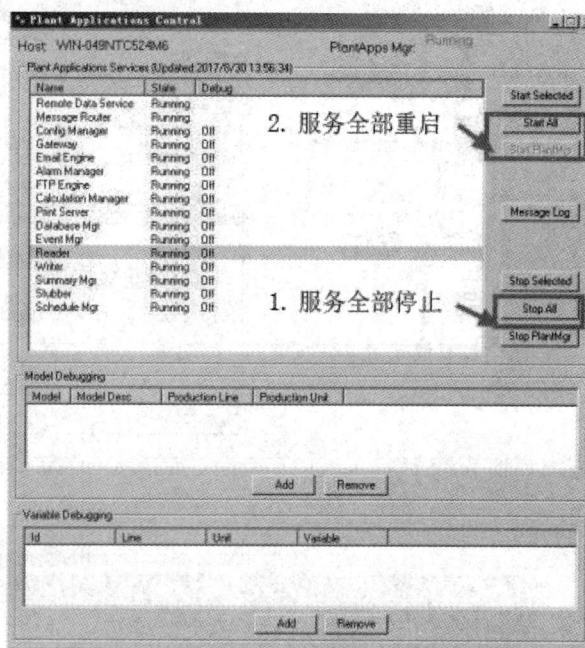

图 3-16

(4) 在"Server Management"功能栏中，配置 PA 软件与 Historian 数据库通信连接。

(5) 新建 Historian 数据库，如图 3-17 所示。

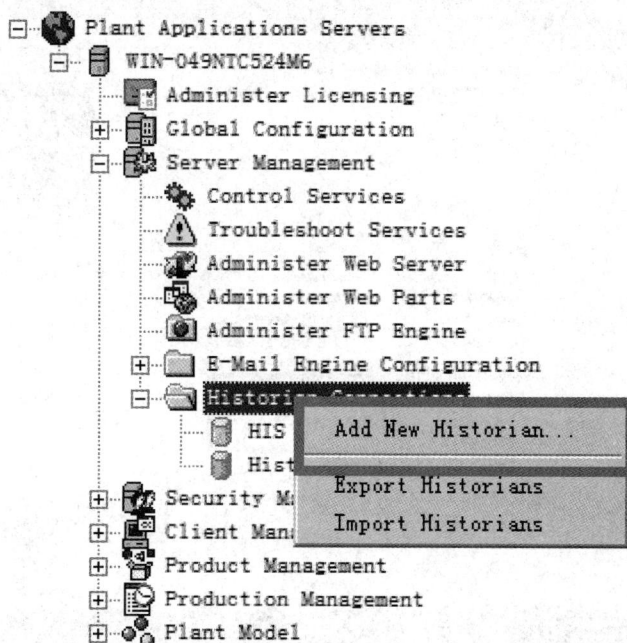

图 3-17

(6) 建立配置后并进行测试操作，如图 3-18 所示。

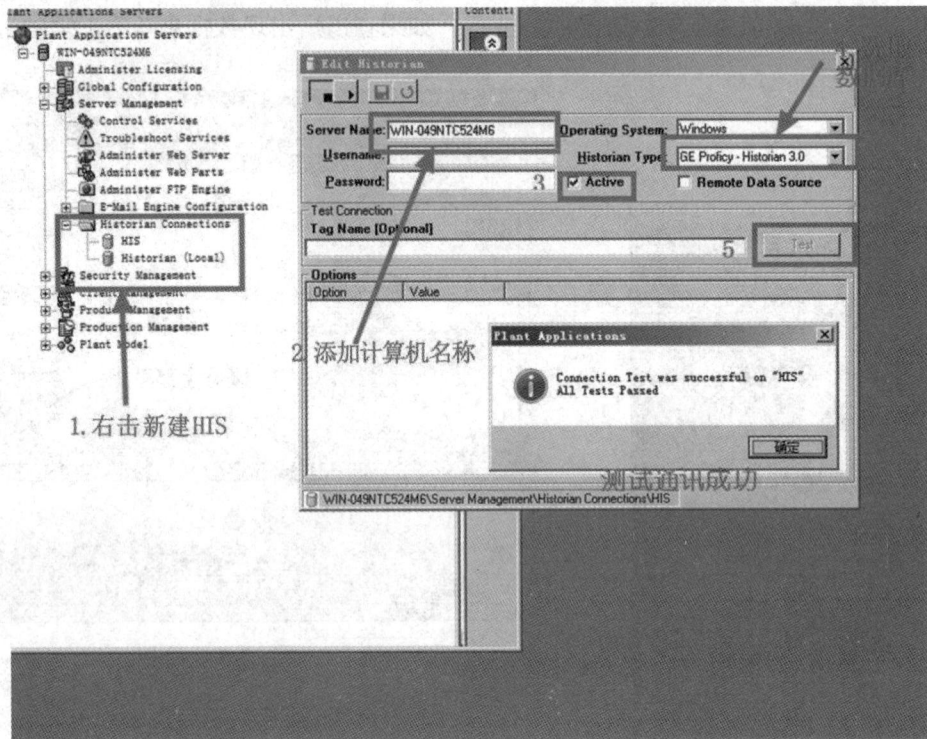

图 3-18

(7) 计算机名称如图 3-19 所示。

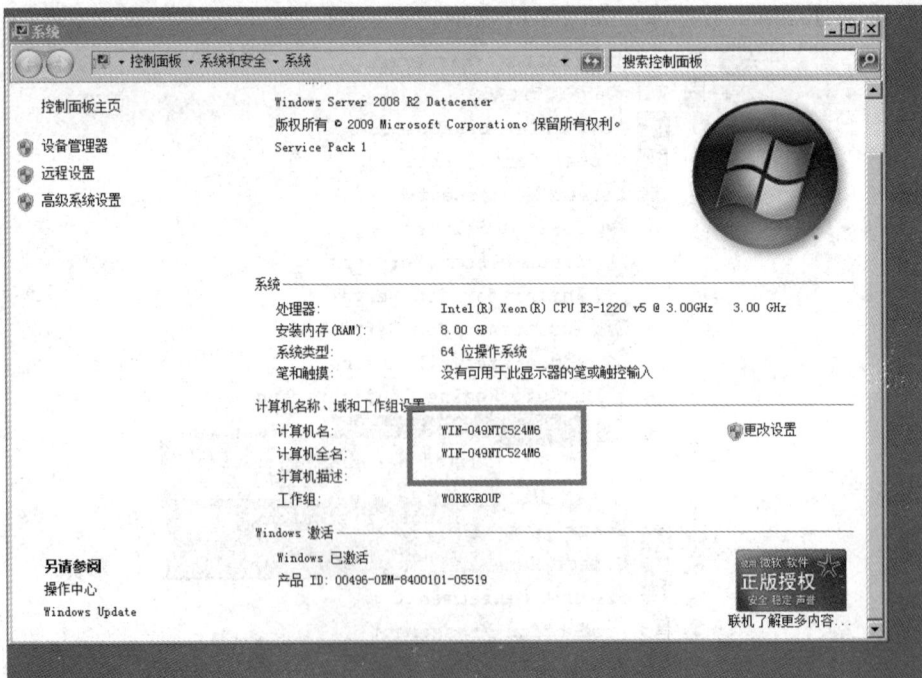

图 3-19

(8) PA 软件与 Historian 数据库通信建立后，即可开始关联变量。建立测试变量"变量链接测试"，如图 3-20、图 3-21 所示。

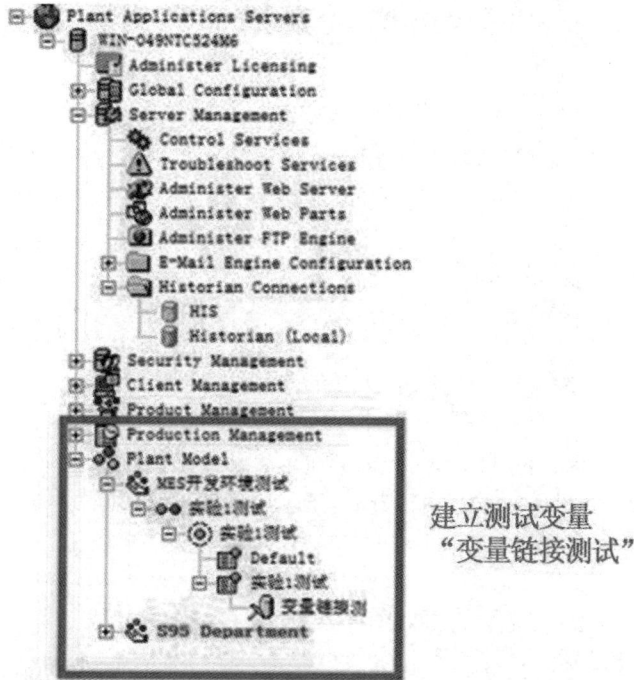

建立测试变量
"变量链接测试"

图 3-20

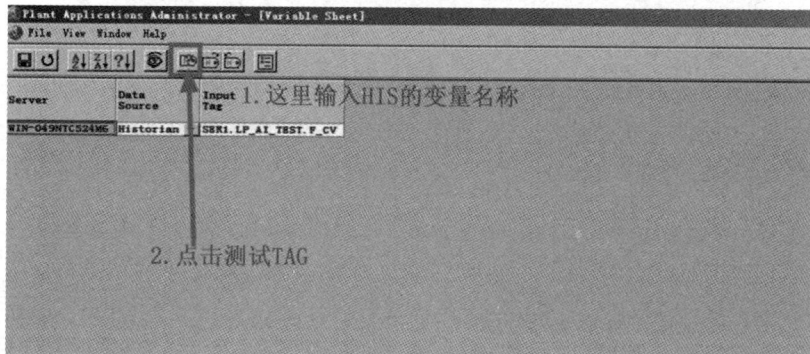

1. 这里输入HIS的变量名称

2. 点击测试TAG

图 3-21

(9) 测试效果如图 3-22 所示，即为变量关联成功。

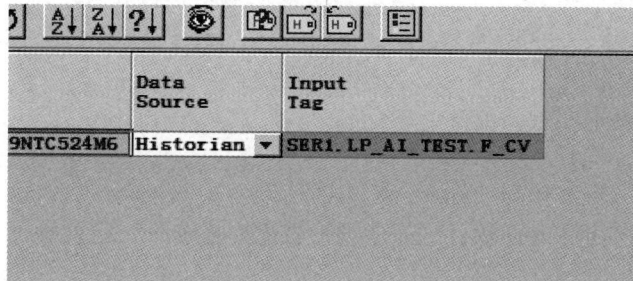

图 3-22

(10) 单击如图 3-23 所示的 "Browse Data…" 选项。

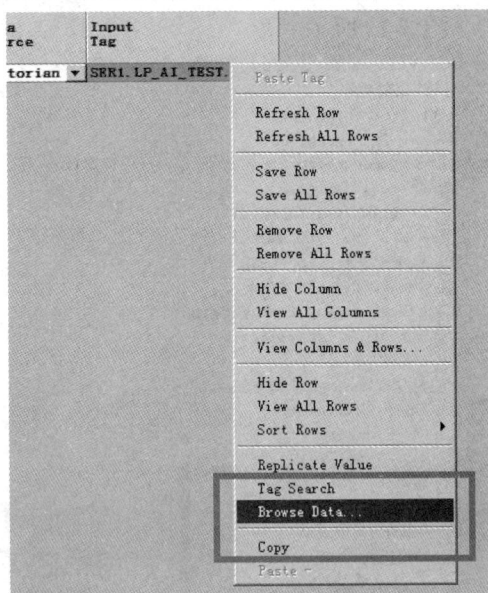

图 3-23

(11) 步骤(8)建立的测试变量的值如图 3-24 所示。

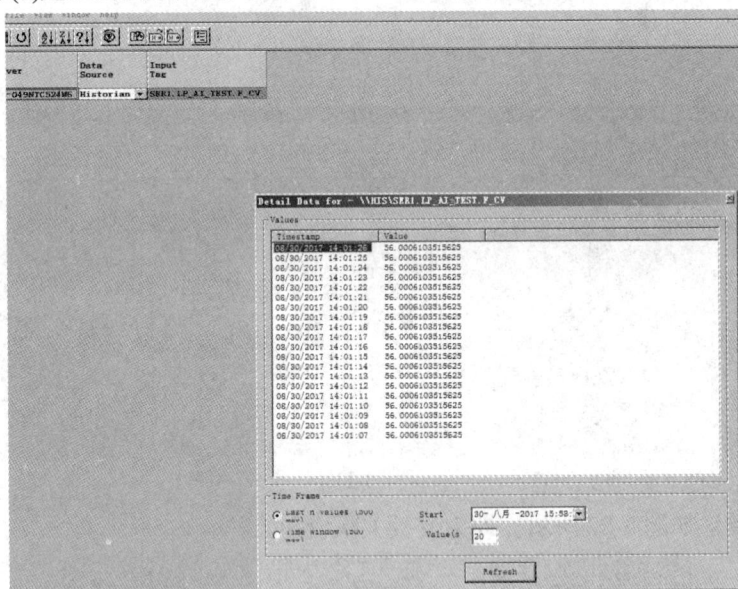

图 3-24

(12) 完成数据获取实验验证。

五、注意事项

在 iFIX 软件的变量和 PA 软件的变量进行数据交换前,一定要确保 PA 软件的服务项均已启动。

创建基础信息

一、实验目的

(1) 会配置生产数据类型和工程单位。

(2) 学会配置常用生产事件以及相应的原因树、行为树。

(3) 学会配置用户权限管理和报警模板。

(4) 学会建立工厂模型。

二、实验设备

本实验使用的设备有计算机、GE MES 相关软件。

三、实验背景

创建基础信息的主要作用是为后续的产品建模和工厂配置提供必备的基础信息，其主要包含进度状态、数据类型、数据源类型、配色方案、原因树、工程单位、报警管理、事件管理等。PA 软件系统内部已经部署了常规配置，但因项目工程需要可以对用户的需求进行自定义。

四、实验步骤

1. 创建数据类型

(1) 选择 Global Configuration 选项下的 Date Types 选项后，单击"Add New Date Type"选项，如图 4-1 所示。

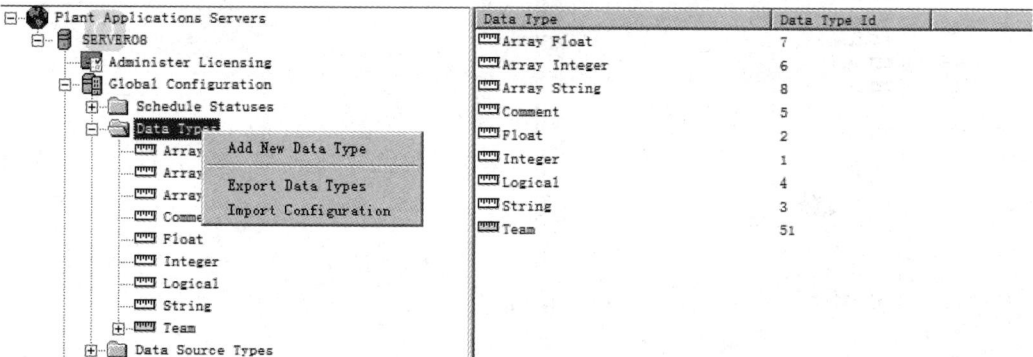

图 4-1

(2) 输入所需的数据类型(如红瓶)，如图 4-2 所示。

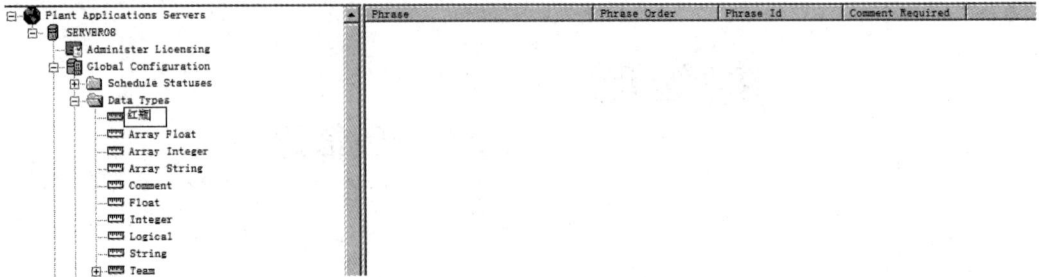

图 4-2

(3) 单击"红瓶"选项，然后单击"New Phrase"选项，如图 4-3 所示。

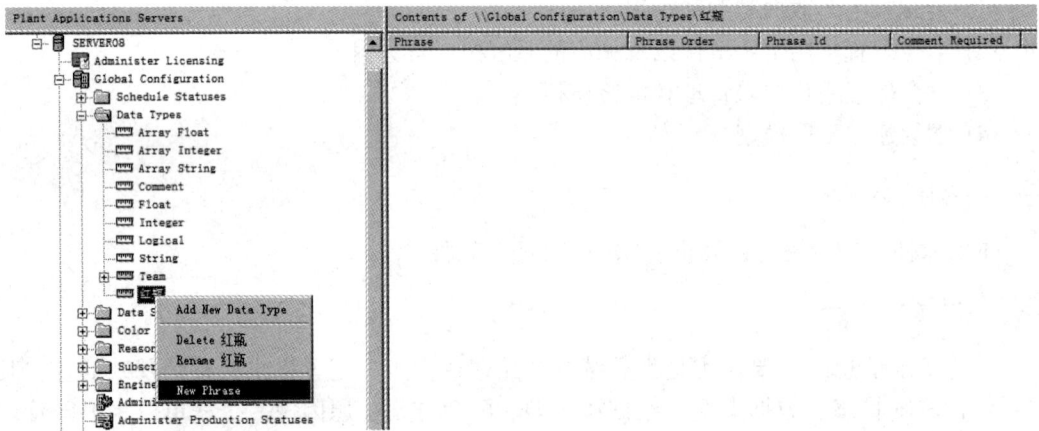

图 4-3

(4) 输入红瓶数据类型(如"红色")，如图 4-4 所示。

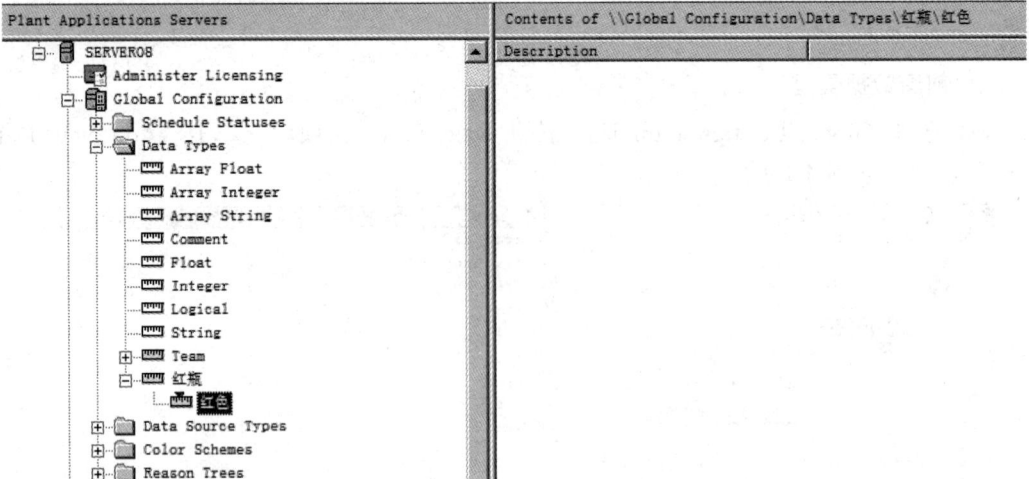

图 4-4

(5) 以此类推，创建工程所需的数据类型，如图 4-5 所示，创建数据类型为红瓶、库位号、蓝瓶、绿瓶、托盘号、托盘位号等)。

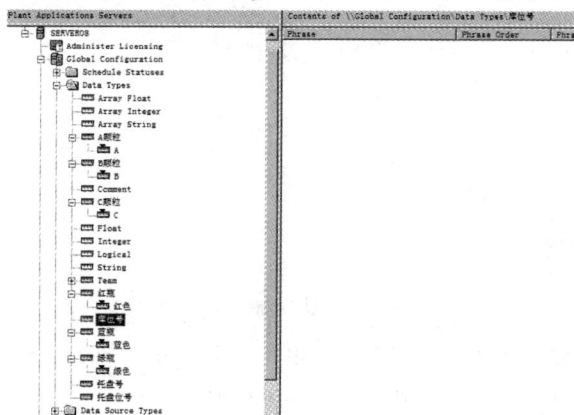

图 4-5

(6) 库位号的数据类型创建，如图 4-6 所示，创建托盘号、托盘位号、库位号的数量分别是 20、9、20。

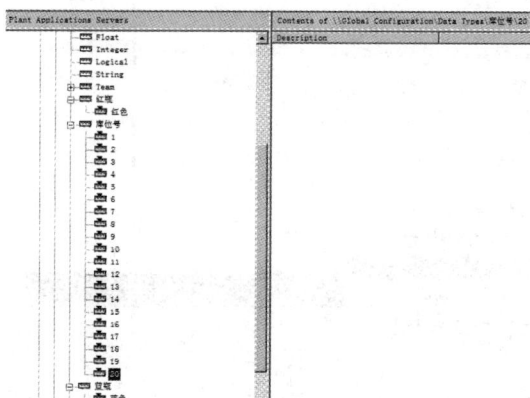

图 4-6

2. 创建原因树、行为树

(1) 选择"Global Configuration"选项下的"Reason Trees"选项，右击"Trees"选项，然后单击"Add New Reason Trees"选项，如图 4-7 所示。

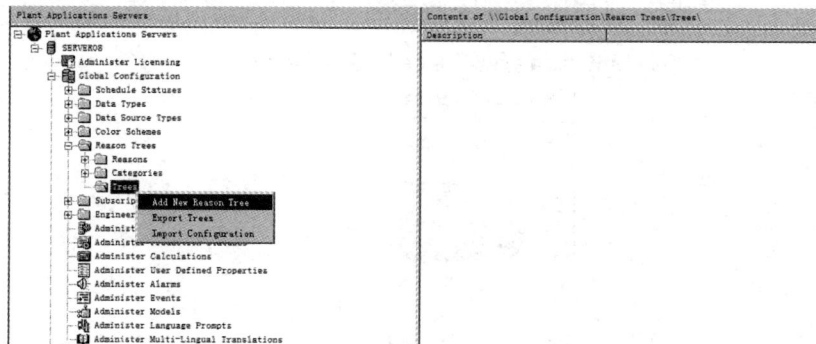

图 4-7

(2) 分别创建"先进灌装产线行为树""先进灌装产线原因树",如图 4-8 所示。

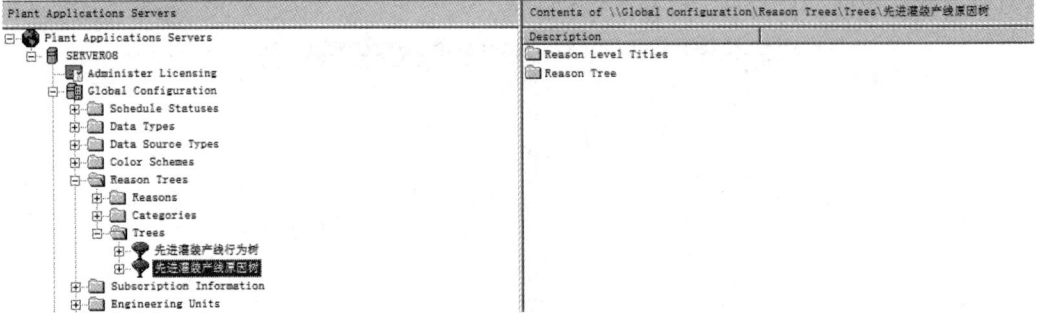

图 4-8

(3) 选择"先进灌装产线原因树",单击"Reason Level Titles"选项,然后单击"Add New Reason Level Title"选项,如图 4-9 所示。

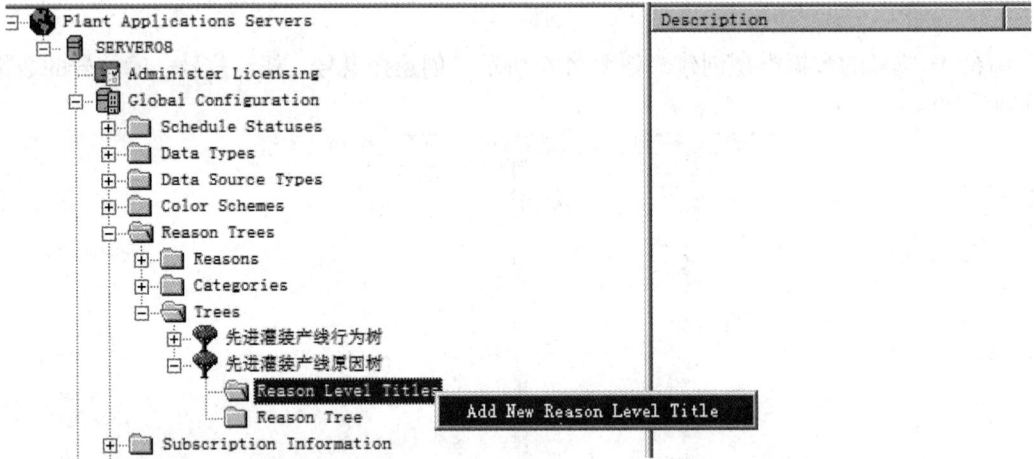

图 4-9

(4) 根据项目需求,分别创建"一级原因""二级原因""三级原因""四级原因",如图 4-10 所示。

图 4-10

(5) 选择"Reason Tree"选项，然后单击"Add New Reason"选项，如图 4-11 所示。

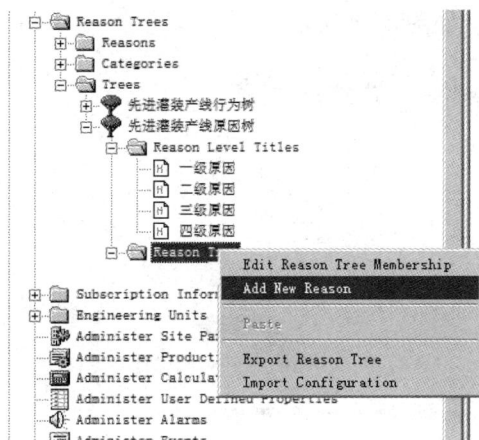

图 4-11

(6) 根据项目需求，分别创建"电气故障""机械故障""急停""缺料故障"四个一级原因(R_1)，如图 4-12 所示。

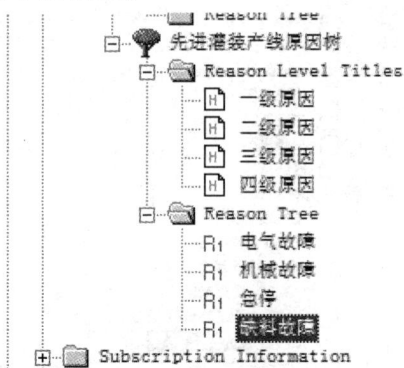

图 4-12

(7) 选择"电气故障"，然后单击"Add New Reason To Next Level"选项，如图 4-13 所示。

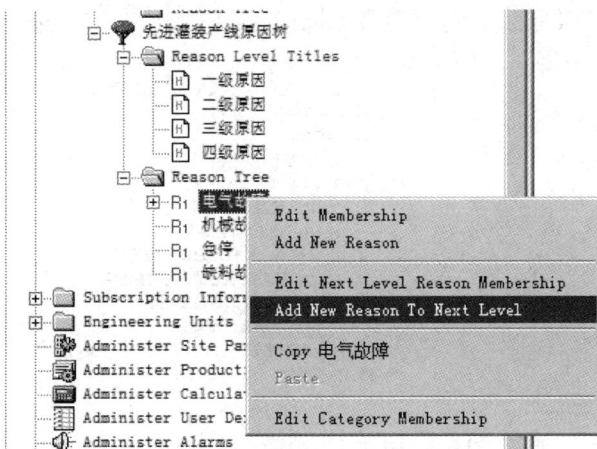

图 4-13

(8) 根据项目需求，分别创建"传感器报警""电机报警""振动器报警"等"电气故障"下的二级原因(R_2)，如图4-14所示。

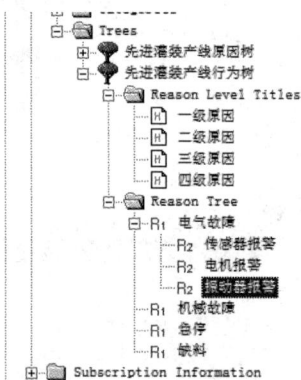

图 4-14

(9) 同理，在二级原因下创建三级原因(R_3)。例如，在电机报警下创建三级原因为"伺服电机报警""步进电机报警""变频电机报警"等，如图4-15所示。

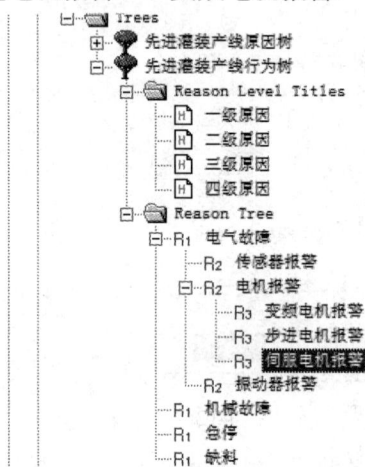

图 4-15

(10) 同理，在三级原因下创建四级原因(R_4)。例如，在"步进电机报警"下，创建"红瓶通道步进电机报警"，如图4-16所示。

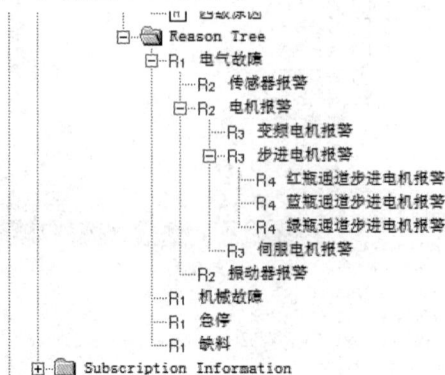

图 4-16

(11) 同理，按照上述的办法和步骤完成项目所涉及的原因，从而完成原因树的创建。

(12) 同理，按照创建原因树的办法和步骤完成项目所涉及的行为，从而完成行为树的创建。

3. 创建工程单位

(1) 选中"Global Configuration"下面的 Engineering Units 并单击"Units"后右键，单击"Add New Engineering Unit"，如图 4-17 所示。

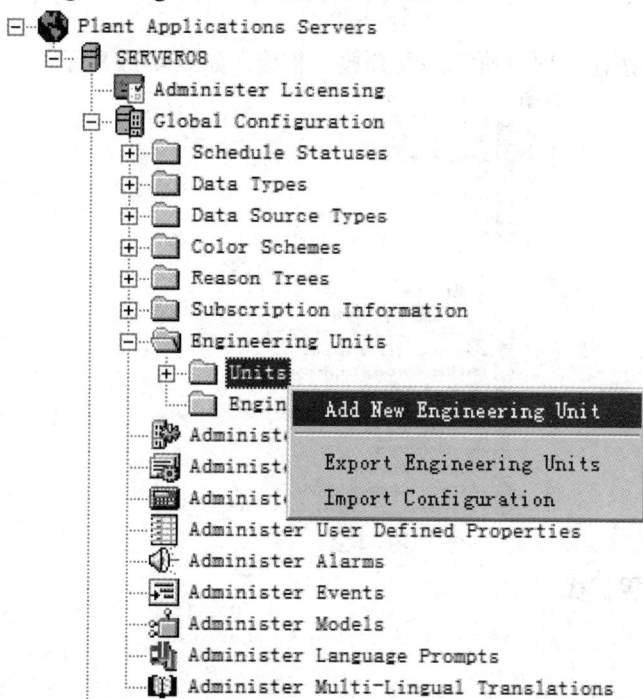

图　4-17

(2) 单击"Add New Engineering Unit"后弹出如图 4-18 所示的对话框。

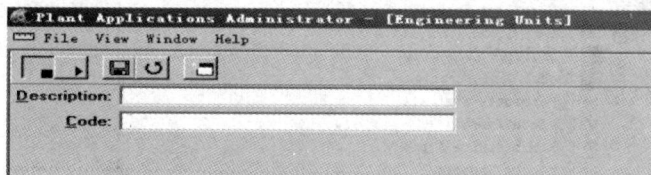

图　4-18

(3) 根据项目需求，创建瓶数、颗粒数的单位，如图 4-19 所示。

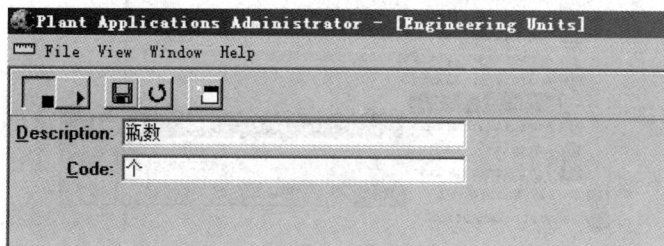

图　4-19

(4) 单击如图 4-20 中圆圈所指示的按钮，新建颗粒数单位"颗"，如图 4-20 所示。

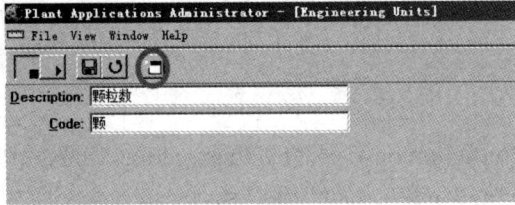

图　4-20

(5) 单击"保存"按钮，项目所需的颗粒数、瓶数，如图 4-21 所示。

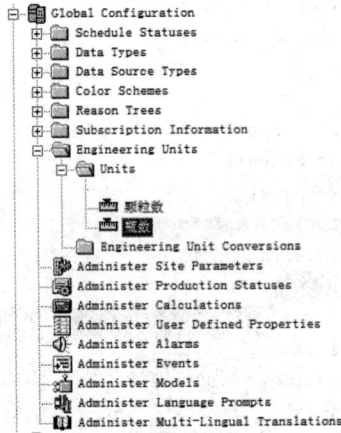

图　4-21

4. 配置并创建报警模板

具体步骤略。

5. 建立生产事件

(1) 选择"Global Configuration"下面的"Administer Events"选项，单击"Administer Events/Event Subtypes"选项，如图 4-22 所示。

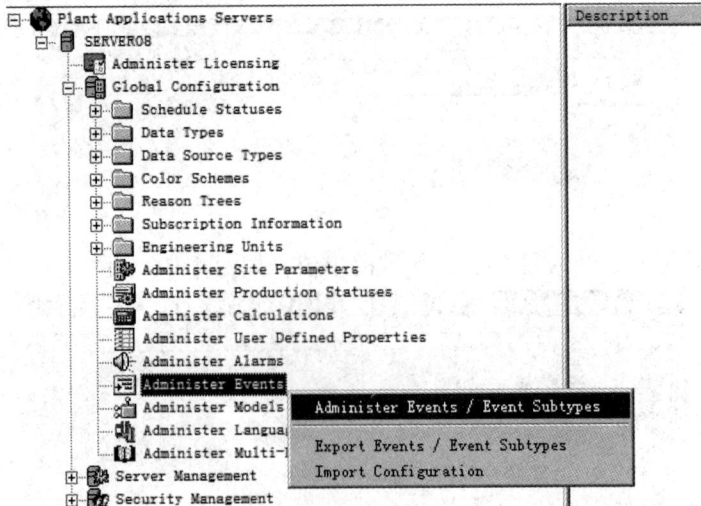

图　4-22

(2) 单击"Administrator /Event Subtypes"后，弹出如图 4-23 所示的对话框。

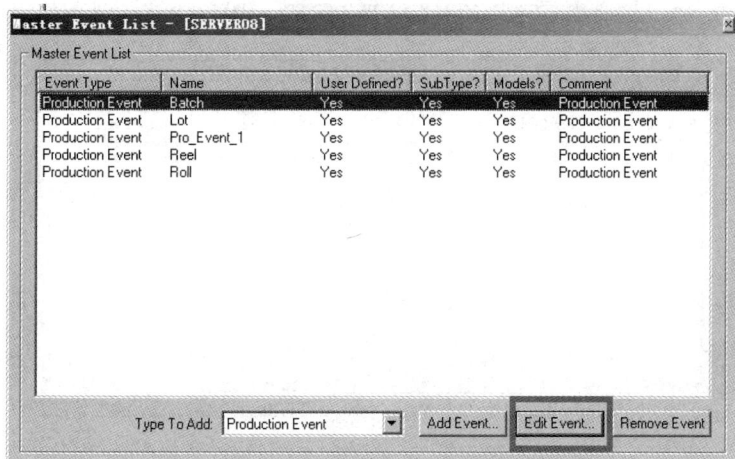

图 4-23

(3) 选中"Batch"一栏后，单击"Edit Event"按钮，弹出如图 4-24 所示的对话框。

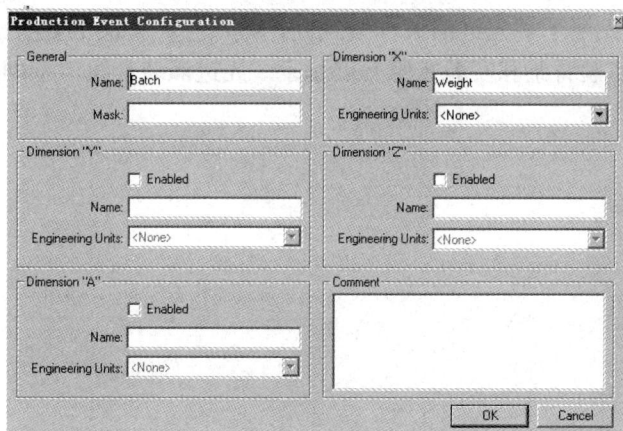

图 4-24

(4) 根据项目要求，配置"Batch"的"Engineering Units"为瓶数，如图 4-25 所示。

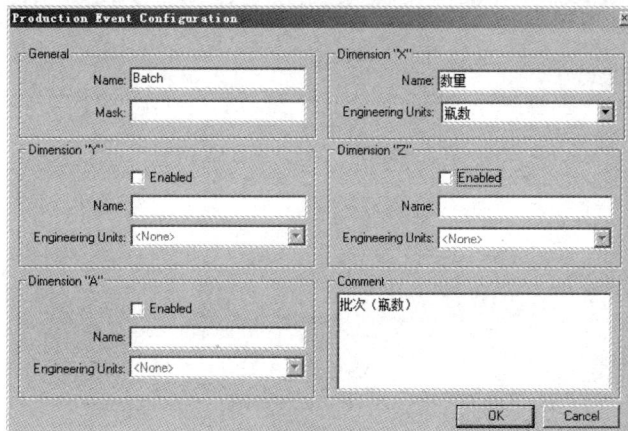

图 4-25

(5) 单击"OK"按钮，返回上一级对话框，如图 4-26 所示。

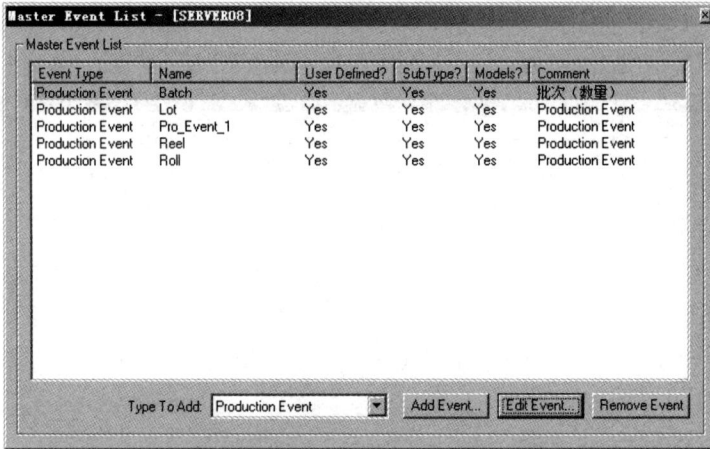

图 4-26

五、注意事项

做实验前，首先要了解先进灌装产线及此产线所生产产品的业务逻辑关系，然后根据创建基础信息的实验背景和实验步骤开展基于"先进灌装产线"基础信息工程项目。

实 验 五 创建产品模型

一、实验目的

(1) 学会建立产品谱系(如产品、特征、逻辑关系、报警限值)。

(2) 理解产品谱系与生产单元之间的关联。

二、实验设备

本实验使用的设备有计算机、GE MES 相关软件。

三、实验背景

产品模型是指以最终成品的产品代码为对象的模型，各种质量过程参数、规范，检测方式以及生产指导文件的管理。其核心产品及其属性管理是质量和生产管理的关键，其中定义的产品 BOM(物料清单)也是物料管理的基础。

四、实验步骤

1. 创建产品家族

(1) 选择"Product Families""Add New Product Family"选项，如图 5-1 所示。

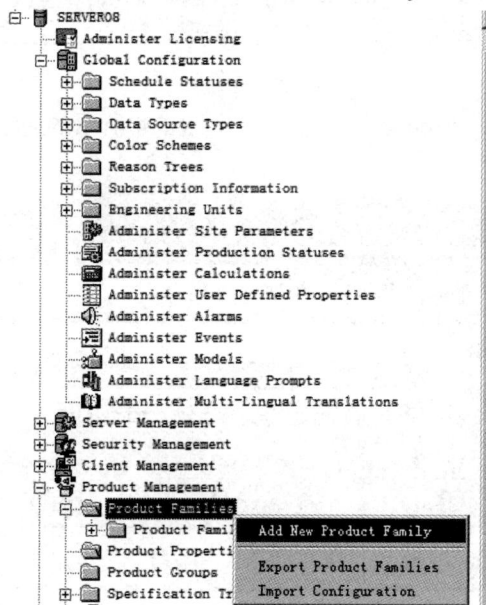

图 5-1

(2) 选择"Add New Product Family"，创建出项目所需的产品家族谱系"华晟智造先进灌装产线产品家族"，如图 5-2 所示。

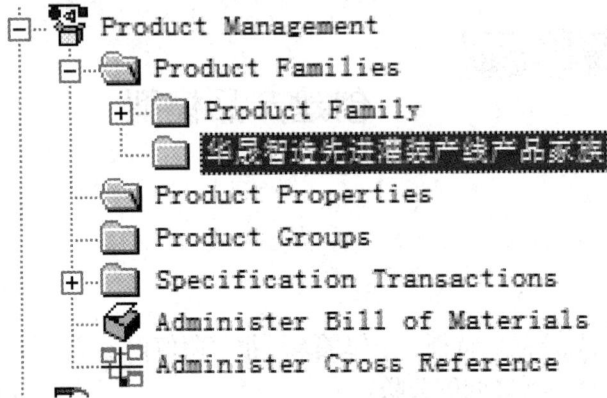

图 5-2

(3) 单击"华晟智造先进灌装产线产品家族"选项，界面如图 5-3 所示。

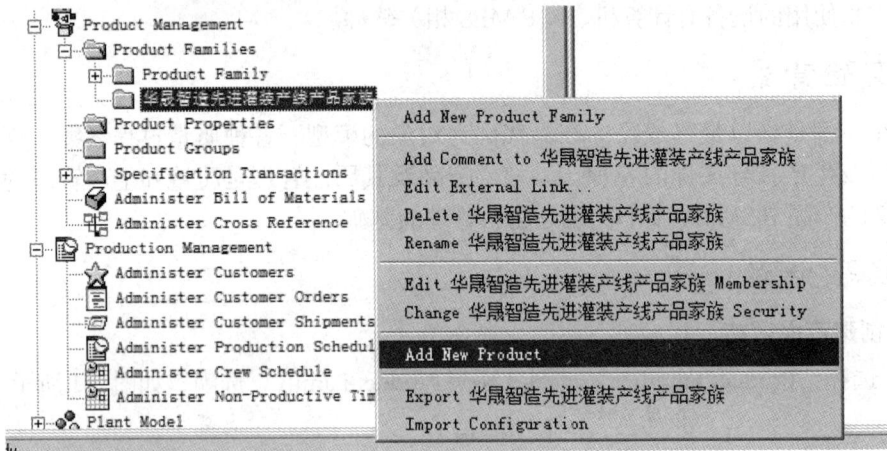

图 5-3

(4) 选择"Add New Product"选项，弹出图 5-4 所示的对话框，并填写产品家族所需的产品种类。

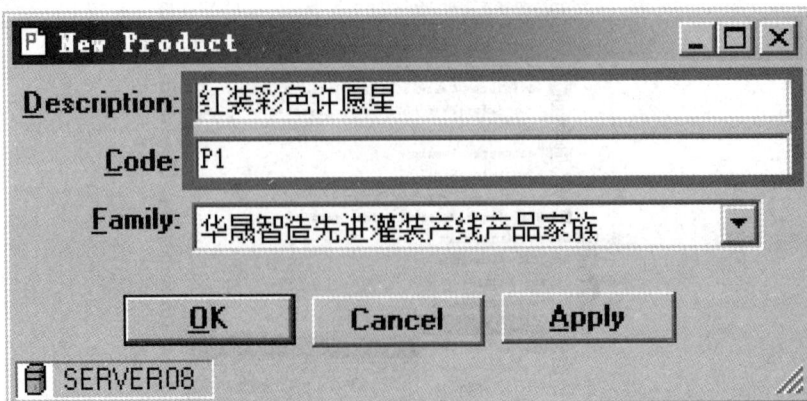

图 5-4

(5) 创建"华晟智造先进灌装产线产品家族"所涉及的产品族，分别为"蓝装彩色许愿星""红装彩色许愿星""绿装彩色许愿星"，如图 5-5 所示。

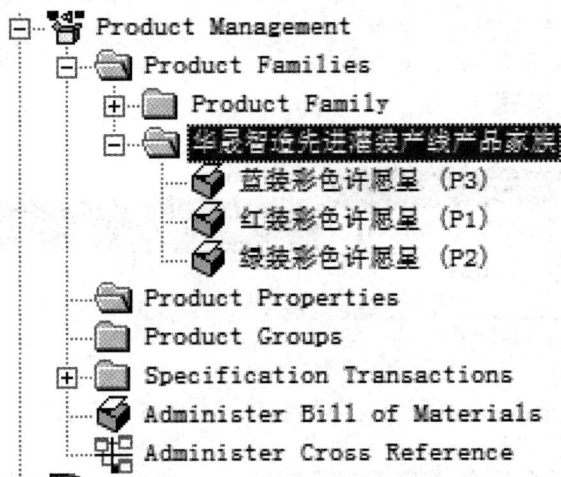

图 5-5

2. 创建产品特征

(1) 选择"Product Properties""New Property""Generic/Quality…"选项，如图 5-6 所示。

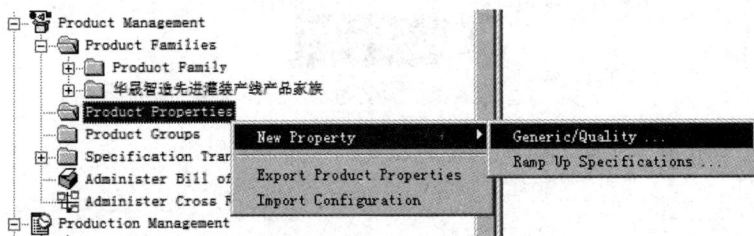

图 5-6

(2) 选择"Generic/Quality …"选项，如在"红色料瓶"下，创建产品所需的特征，如图 5-7 所示。

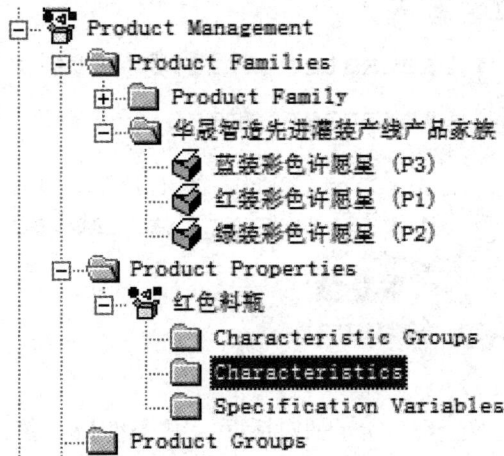

图 5-7

(3) 选中"红色料瓶"选项下的"Characteristics"后，单击"Add New Characteristic"选项，如图 5-8 所示。

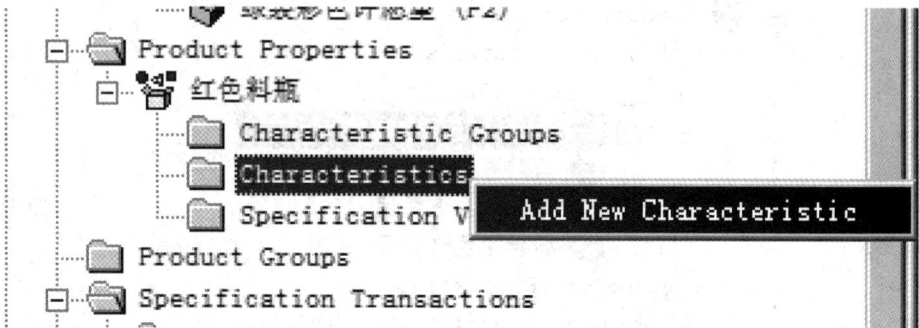

图 5-8

(4) 创建产品特征，如创建产品特征"红色料瓶"，如图 5-9 所示。

图 5-9

(5) 添加产品特征变量，如图 5-10 所示。

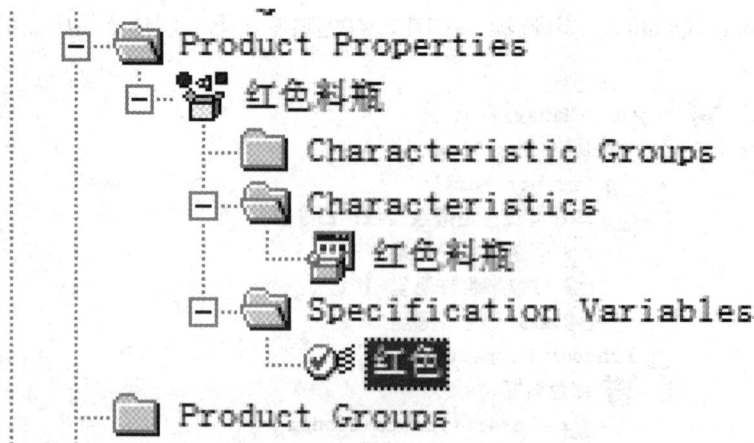

图 5-10

(6) 单击"红色"选项弹出图 5-11 所示的对话框，进行变量关联。注意：后续完成设备单元建模后才能关联次产品特征变量。

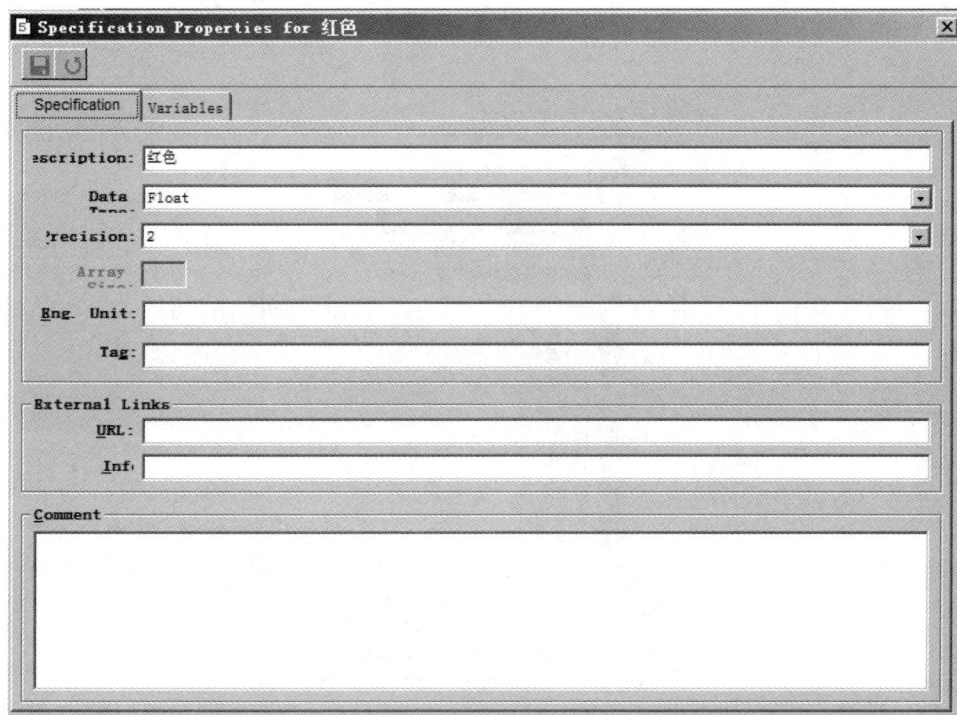

图 5-11

(7) 在所对应的设备内关联此产品特征变量，如图 5-12 所示。

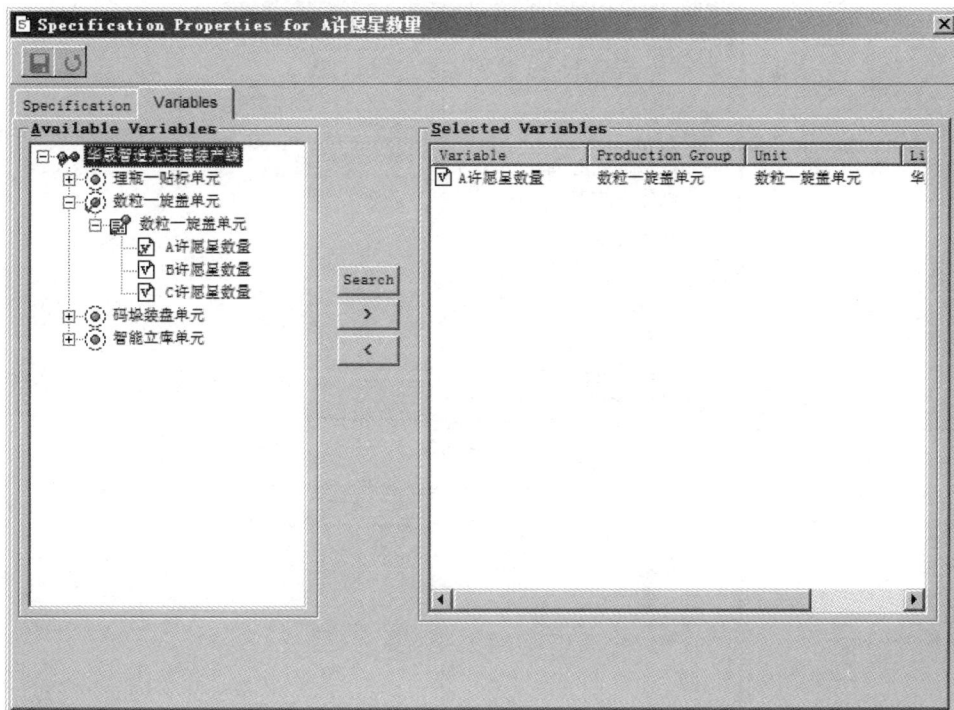

图 5-12

(8) 按照同样的方法和步骤创建出产品家族所需的相关产品特性和特征变量，如图 5-13 所示。

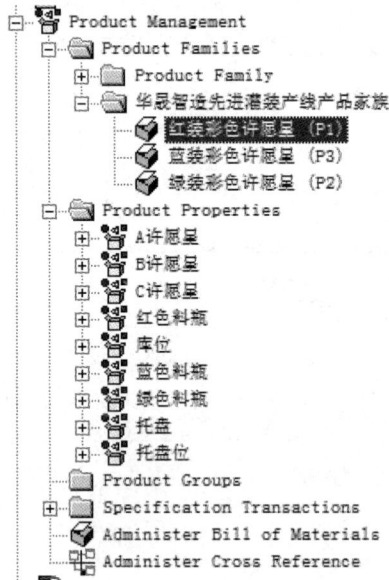

图 5-13

3. 产品规格特征质量标准约束

(1) 选择产品规格特征(如"蓝许愿星数量"选项)，弹出如图 5-14 所示的对话框。

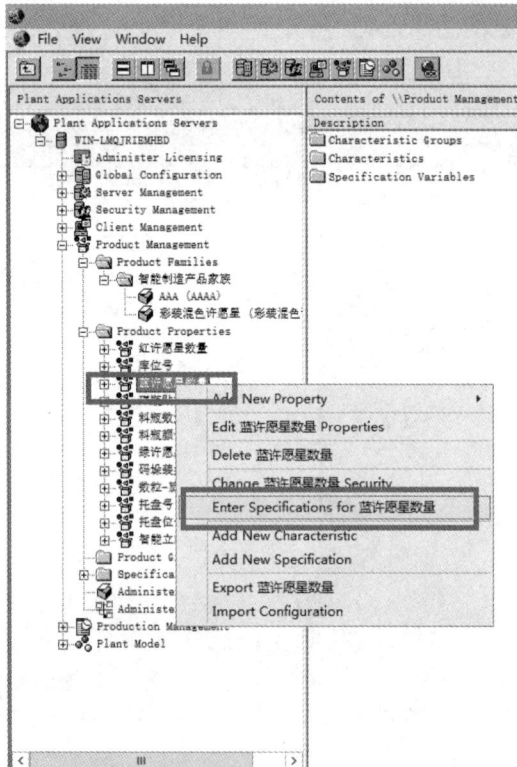

图 5-14

(2) 选择 "Enter specifications for 蓝许愿星数量" 选项，弹出如图 5-15 所示的对话框。

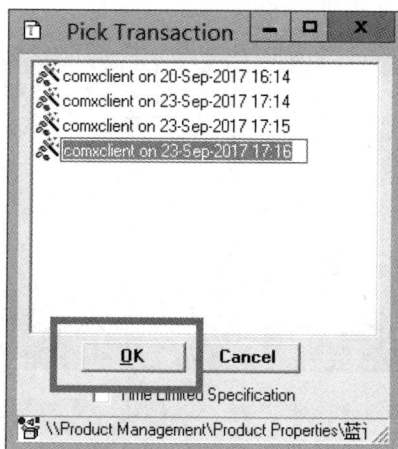

图　5-15

(3) 单击 "OK" 按钮，弹出如图 5-16 所示的对话框。

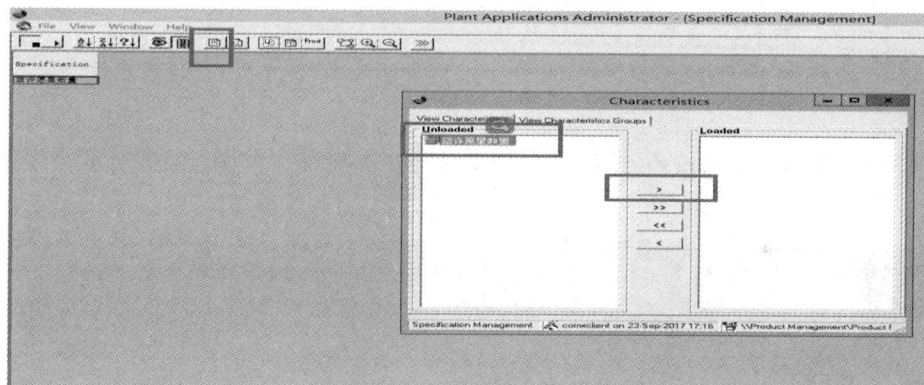

图　5-16

(4) 单击如图 5-16 所示的扩展按钮， 弹出如图 5-17 所示的窗口， 然后设定相匹配的数值，保存后退出对话框。

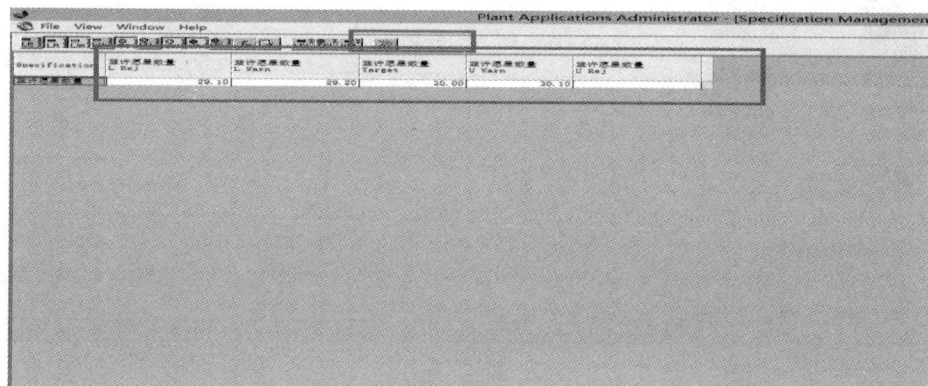

图　5-17

4. 产品谱系与生产单元之间的关联

(1) 双击产品家族中的产品，如"彩装混色许愿星"，如图 5-18 所示。

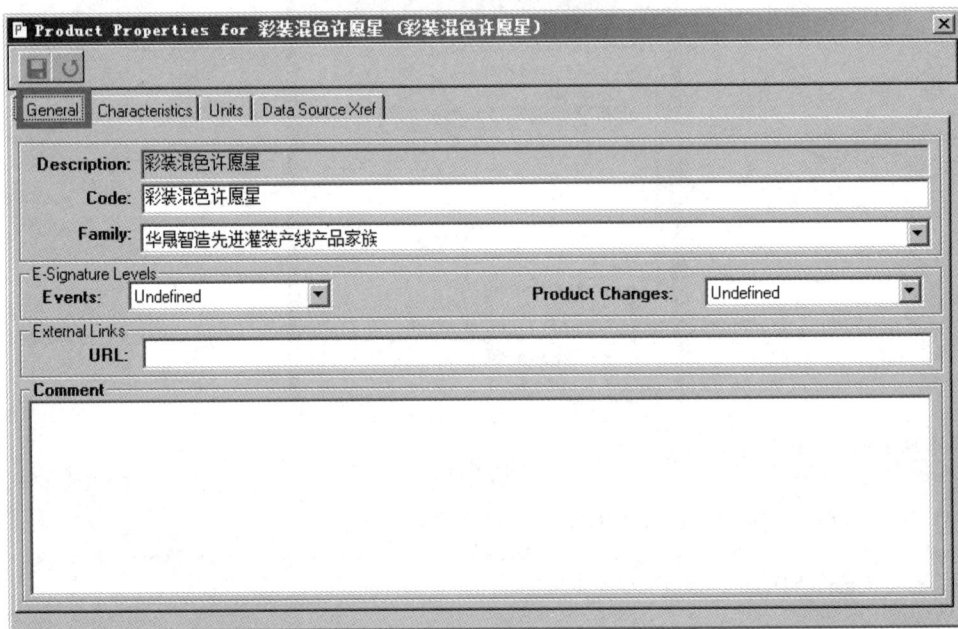

图 5-18

(2) 选择"Characteristics"选项，关联产品与产品特征，如图 5-19 所示。注意：视图配置了部分产品特征变量。

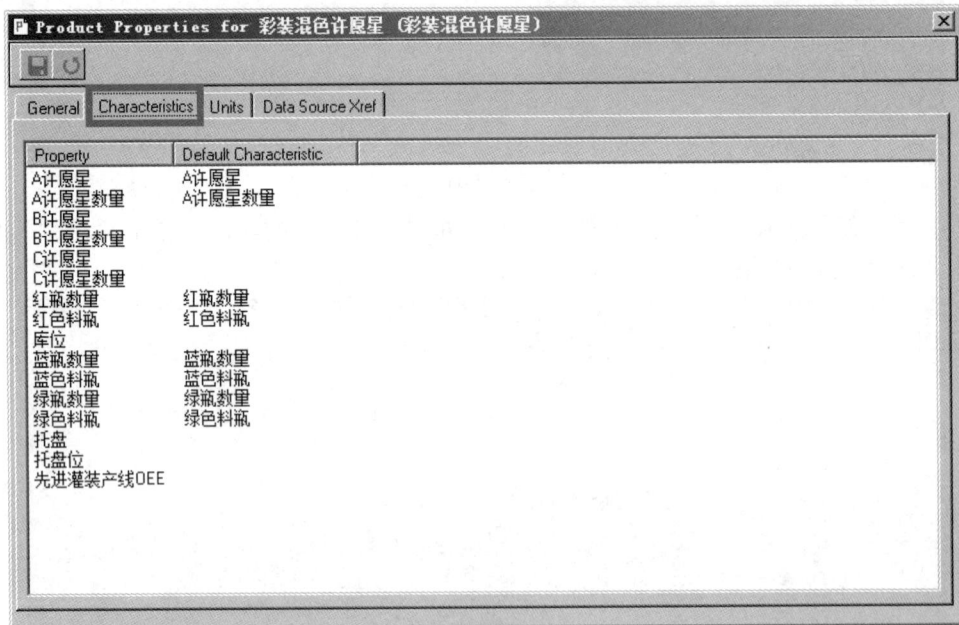

图 5-19

(3) 关联产品与设备模型，即将产品所涉及的设备单元进行关联配置，如图 5-20 所示。

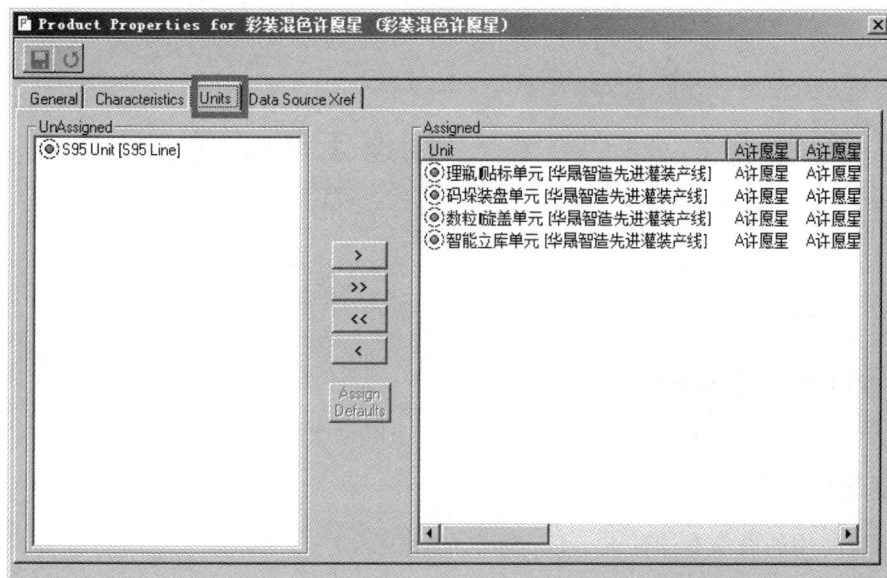

图　5-20

五、 注意事项

实验前，首先要了解先进灌装产线及其所生产产品的业务逻辑关系，然后根据产品建模的实验原理和实验步骤开展基于"彩装混色许愿星"工程项目的产品建模。

实 验 六

创建工厂模型

一、实验目的

(1) 掌握典型工厂模型结构。

(2) 学会创建基于简易产线的批次生产事件，设备停机事件，废品事件等。

二、实验设备

本实验使用的设备有计算机、GE MES 的相关软件。

三、实验背景

工厂建模不仅对工厂中的生产对象进行定义，同时还将生产设备上可能发生的各种生产事件进行定义。例如，批次生产事件、设备停机事件、废品事件、物料消耗事件等。用户通过工厂建模可定义特定事件的生产状态，如生产中、生产准备、生产完成等。

四、实验步骤

1. 创建车间模型

(1) 选择 "Plant Model" " New Department" 选项，如图 6-1 所示。

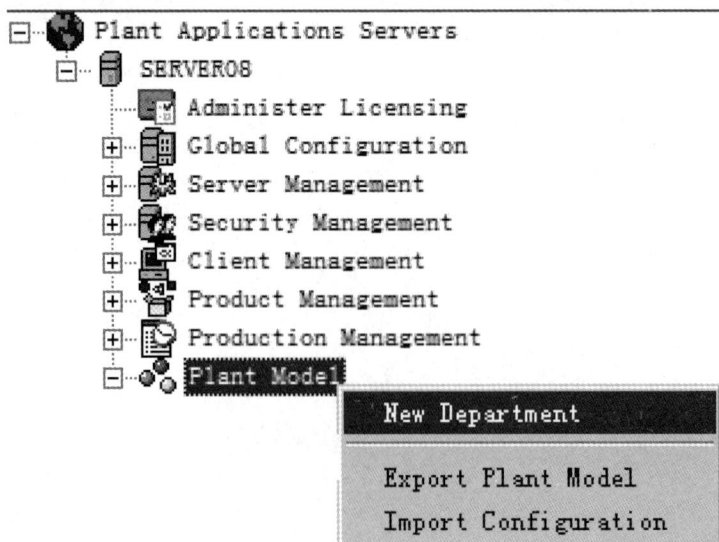

图 6-1

(2) 单击"New Department"选项，创建"华晟智造智能工厂"，如图 6-2 所示。

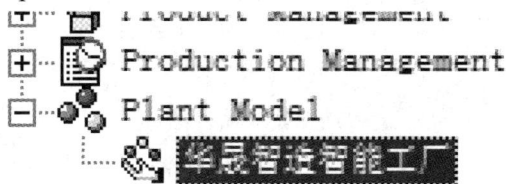

图 6-2

2. 创建产线模型

(1) 单击"华晟智造智能工厂"选项，如图 6-3 所示。

图 6-3

(2) 单击"Add New Production Line"选项，创建"华晟智造先进灌装产线"，如图 6-4 所示。

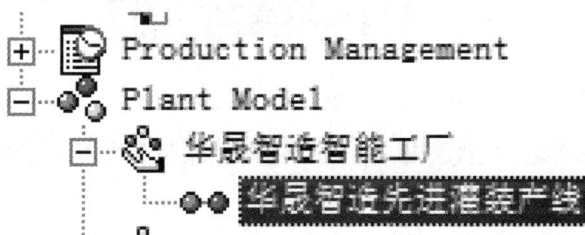

图 6-4

(3) 根据具体项目需求，创建多条相关联的产线，如图 6-5 所示。

图 6-5

3. 创建设备单元模型

(1) 单击"华晟智造先进灌装产线"选项，如图 6-6 所示。

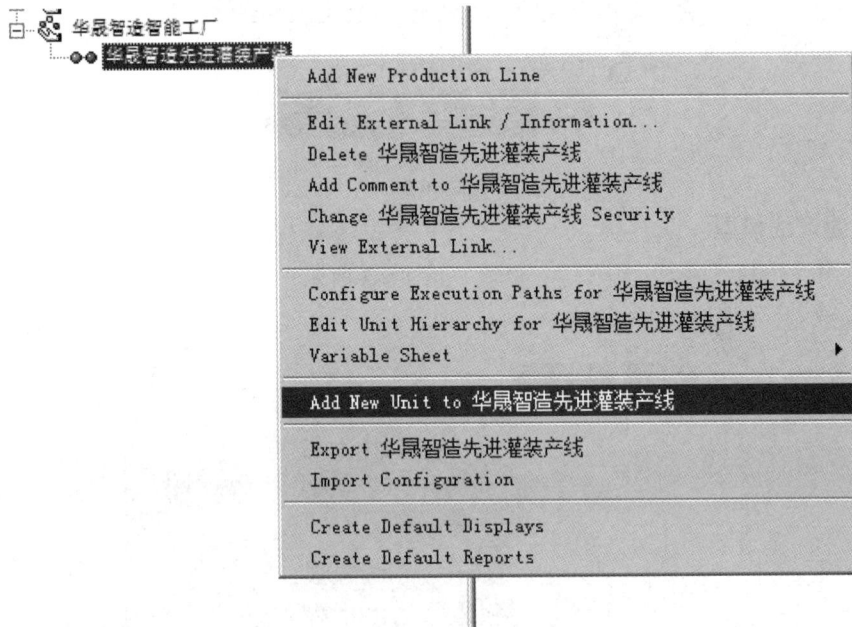

图 6-6

(2) 单击"Add New Unit to 华晟智造先进灌装产线"选项，创建"理瓶-贴标单元"，如图 6-7 所示。

图 6-7

(3) 根据项目实际需求，创建出"华晟智造先进灌装产线"所包含的所有"Unit"，如图 6-8 所示。

图 6-8

4. 创建设备单元变量组

(1) 选择"理瓶-贴标单元"选项，如图 6-9 所示。

(2) 单击"Add New Group to 理瓶-贴标单元"选项，创建"理瓶-贴标变量组"，如图 6-10 所示。

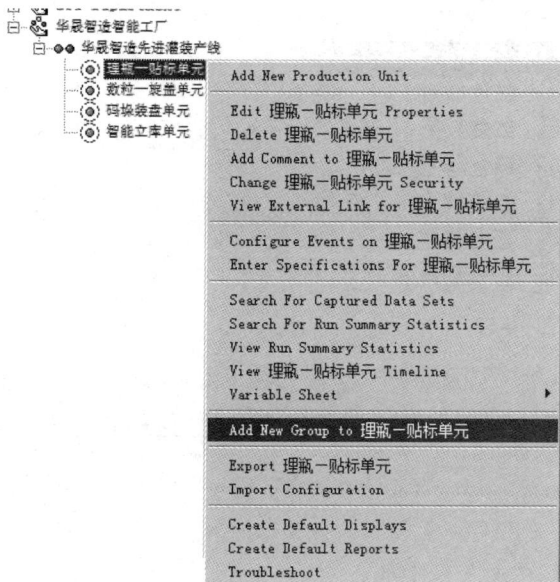

图 6-9

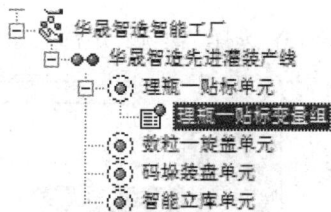

图 6-10

5. 创建设备变量

(1) 选择"理瓶-贴标变量组"，如图 6-11 所示。

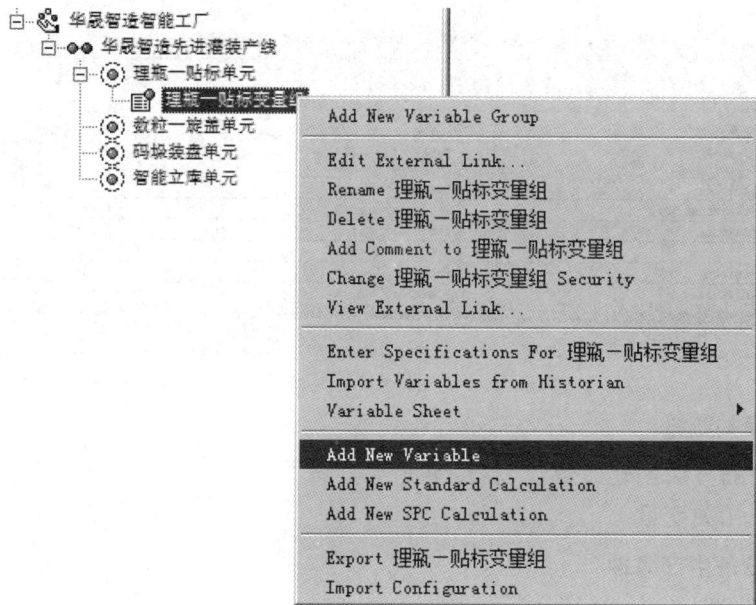

图 6-11

(2) 单击"Add New Variable"选项，创建与"理瓶-贴标单元"相关的变量，即"理瓶-贴标单元变量组"，如图 6-12 所示。

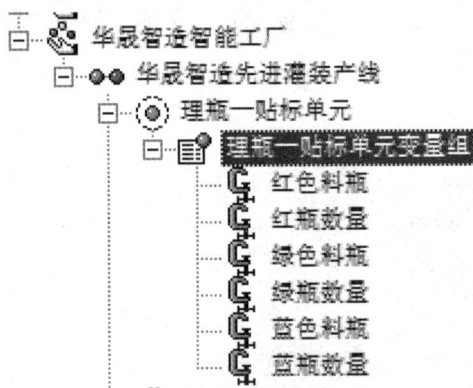

图 6-12

(3) 选择"理瓶-贴标变量组"，如图 6-13 所示。

Variables	Data Source	Event Type	Data Type	Sampling ...	Variable Id
红色料瓶	Undefined	Time	Float		44
红瓶数量	Undefined	Time	Float		45
绿色料瓶	Undefined	Time	Float		46
绿瓶数量 Edit 绿瓶数量	Undefined	Time	Float		47
蓝色料瓶	Undefined	Time	Float		48
蓝瓶数量	Undefined	Time	Float		49

图 6-13

(4) 单击"Edit 绿瓶数量"，进行变量属性设置(如数据来源、数据类型等)，如图 6-14 所示。

图 6-14

6. 创建相关变量

按照相同的方法创建"数粒-旋盖单元""码垛装盘单元""智能立库单元"的单元变量组合相关变量

7. 创建设备生产事件

(1) 选择"理瓶-贴标单元"，单击"Configure Events on 理瓶-贴标单元"，如图 6-15 所示。

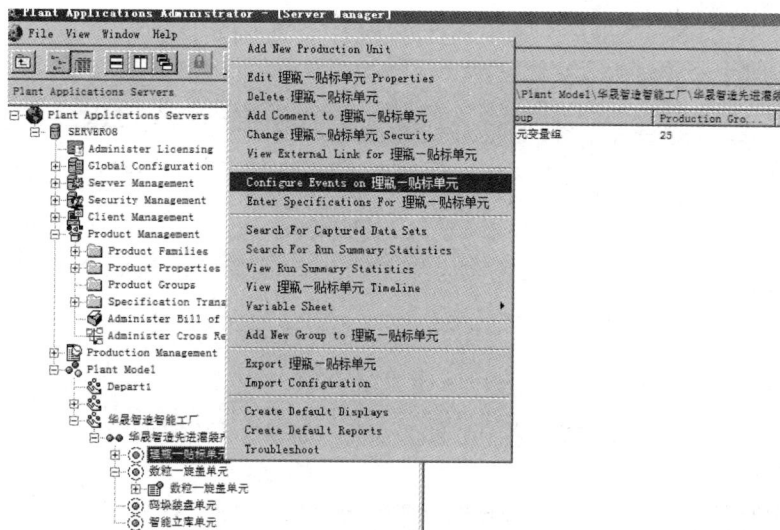

图 6-15

（2）单击图 6-16 所示的矩形框内的小三角按钮，在弹出的下拉菜单中选择"Porduction Event"。Subtype 菜单选择"Batch"，如图 6-17 所示。

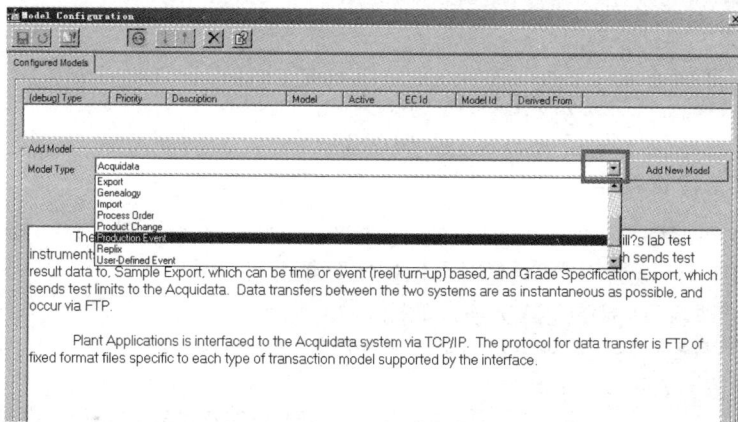

图 6-16

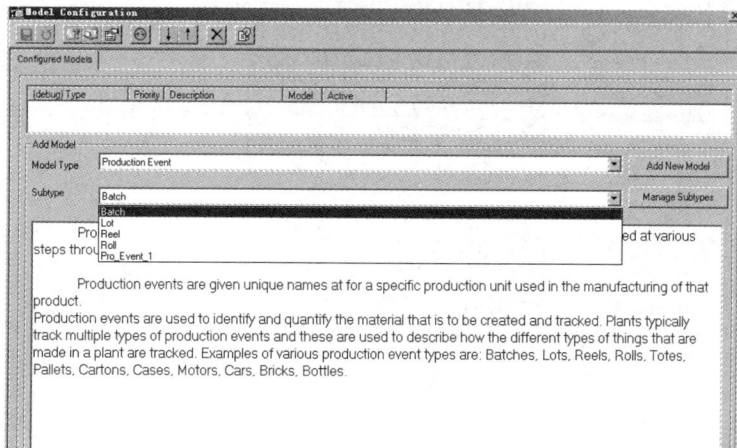

图 6-17

(3) 单击 "Add New Model" 选项进行添加操作, 如图 6-18 所示。

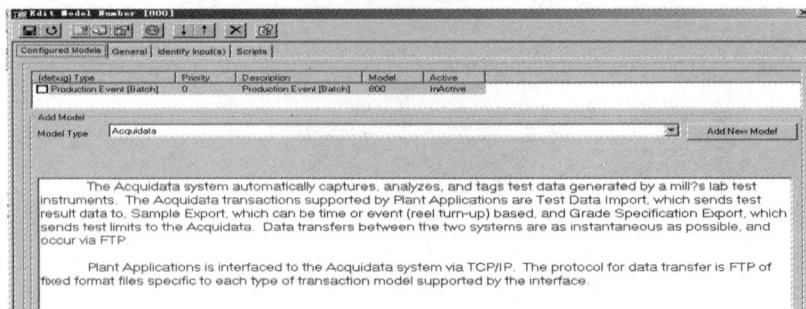

图 6-18

(4) 设置生产事件变量, 即关联 PA 外部变量, 如 HIS 数据库的 Tag 变量, 保存后退出, 如图 6-19 所示。

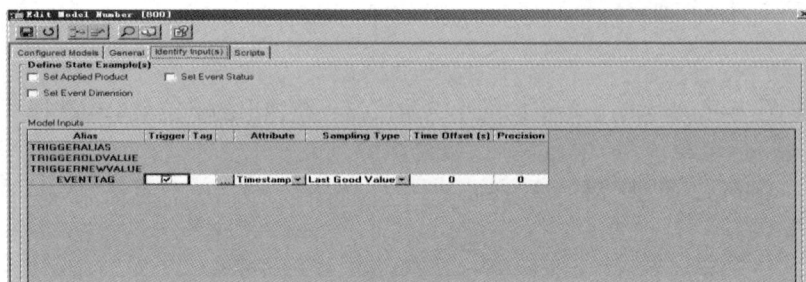

图 6-19

8. 创建设备停机事件

(1) 配置停机原因树, 在 "reason tree" 下面, trees 部分分别建立: 停机时间的一级原因、二级原因、三级原因及四级原因(依据实际情况而定)。

(2) 选择 "理瓶-贴标单元" 选项, 如图 6-20 所示。

图 6-20

（3）单击"Configure Events on 理瓶-贴标单元"，弹出如图 6-21 所示的对话框，并选择"Downtime"选项。

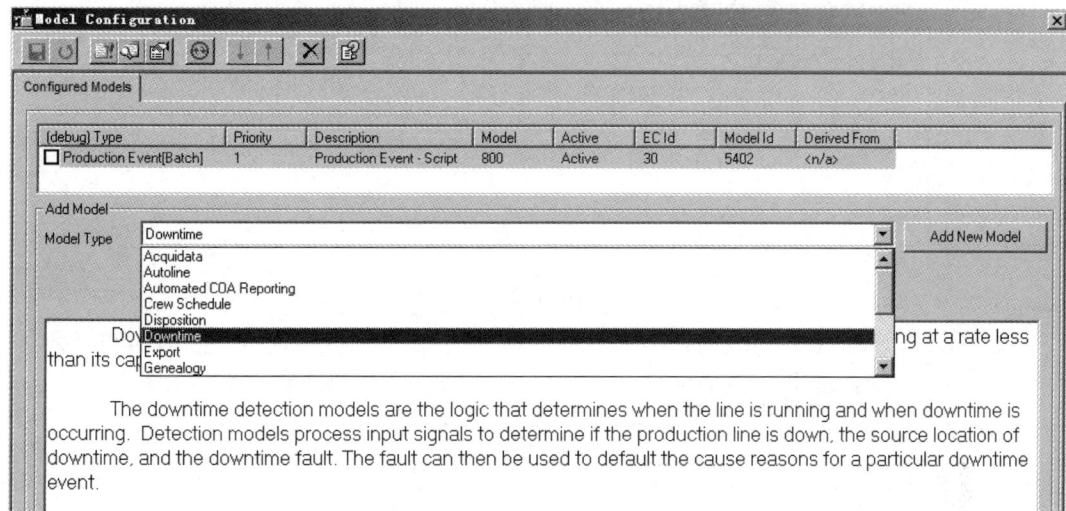

图　6-21

（4）单击"Add New Model"选项进行添加操作，则自动弹出如图 6-22 所示的画面，并选择"Cause Location From inputs(211)选项"，如图 6-22 所示。在"Fault Mode"选项中，选择"Assign fault at start change=split"。注意：210 模型为故障发生在单一位置上；211 模型为不依赖其他逻辑；212 模型为通过定义产线上每一个位置的状态来确定原因位置。

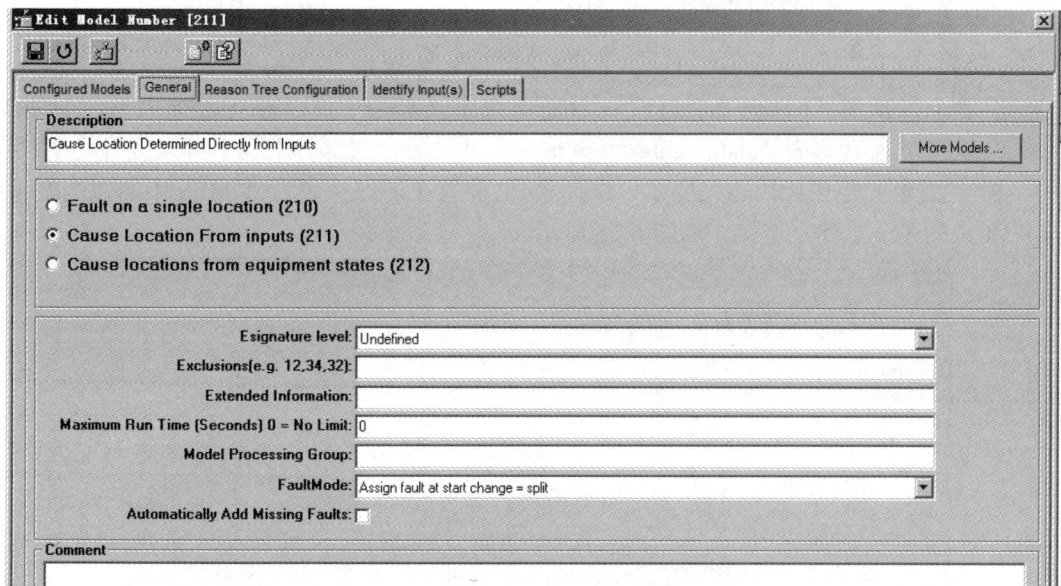

图　6-22

（5）配置原因树。

① 配置设备单元，即"理瓶-贴标单元"如图 6-23 所示。

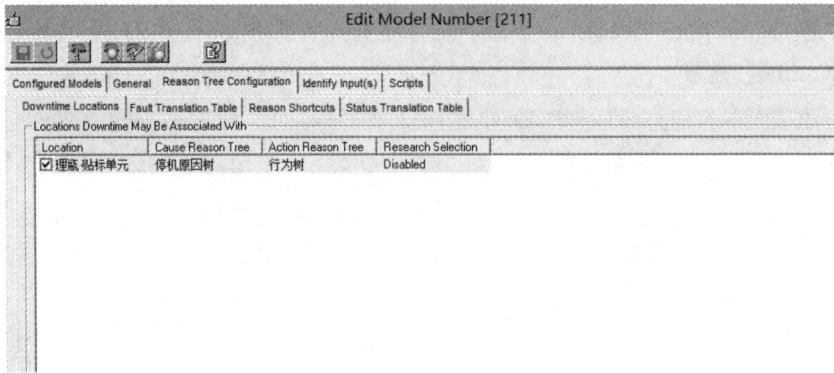

图 6-23

② 配置客户停机原因的快捷选项，显示故障所在位置及故障代号，如图 6-24 所示。

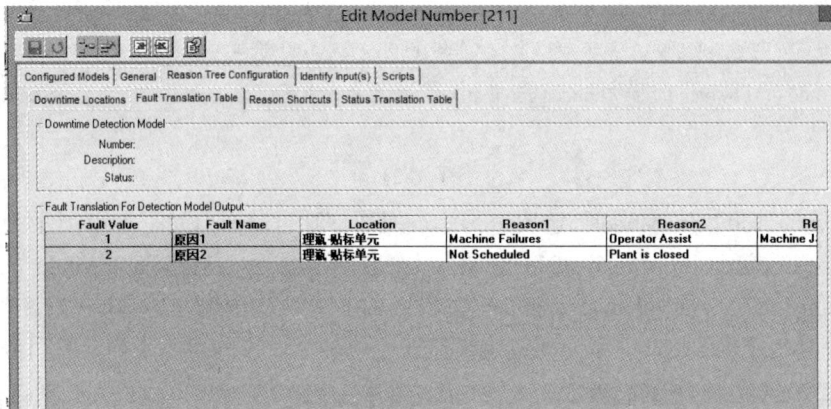

图 6-24

③ 配置快捷键"reason shortcut"。注意：大部分工程中可以省略此步。

④ 配置状态转移表"status translation table"。注意：大部分工程中可以省略此步。

(6) 配置客户停机原因相关变量，选择 iFIX 中的 Tag 点，意为将 MES 中的原因变量与 iFIX 中的 Tag 点建立连接，如图 6-25 所示。

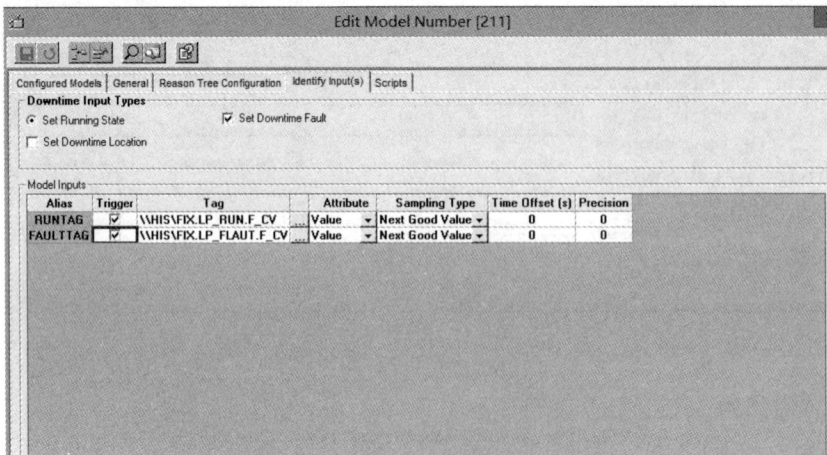

图 6-25

(7) 配置停机原因脚本，如图 6-26 所示。

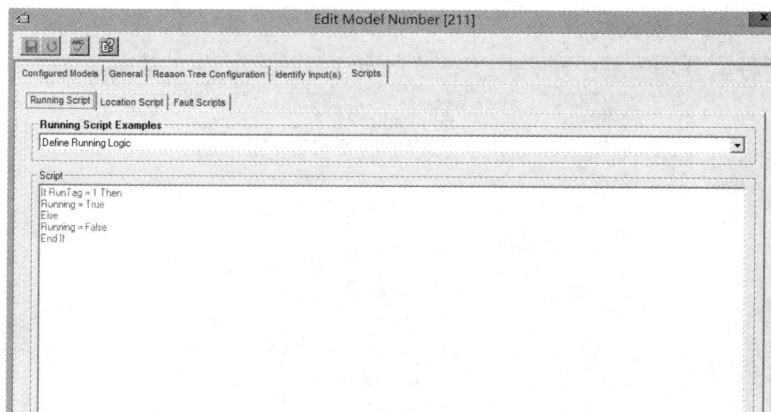

图　6-26

9. 创建设备废品事件

(1) 选中"理瓶-贴标单元"，如图 6-27 所示。

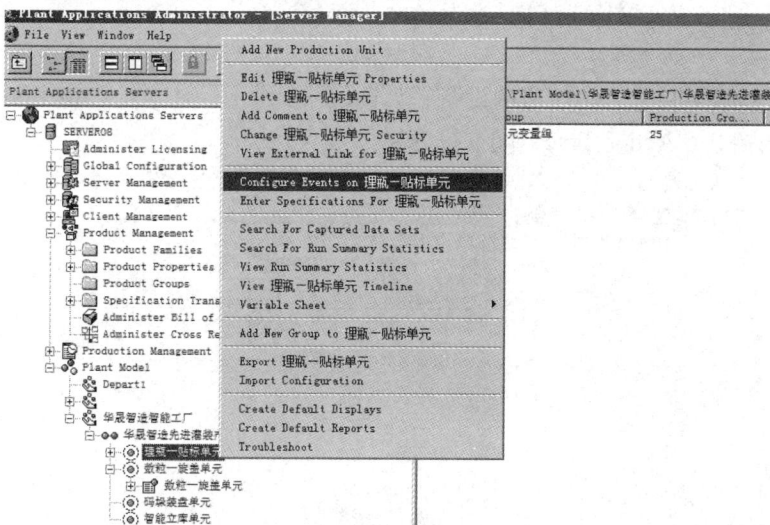

图　6-27

(2) 单击"Configure Events on 理瓶-贴标单元"，弹出如图 6-28 所示的对话框，并选择"Waste"以及"304 模型(默认)。

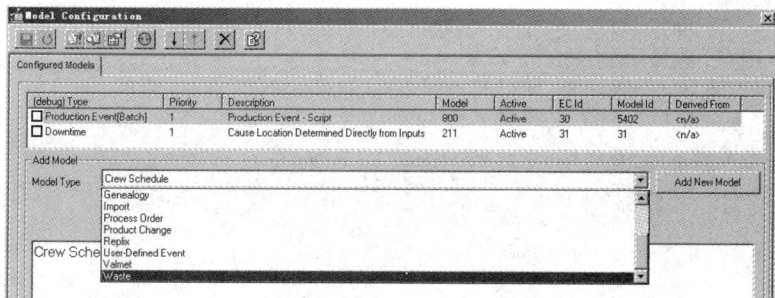

图　6-28

(3) 单击"Add New Model"按钮进行添加操作，则自动弹出如图 6-29 所示的画面，并选择"Event Based Waste (Exact Time）"，意为选择基于事件产生的废品。注意：废品事件分为两种，分别为基于事件产生的废品和基于时间产生的废品。

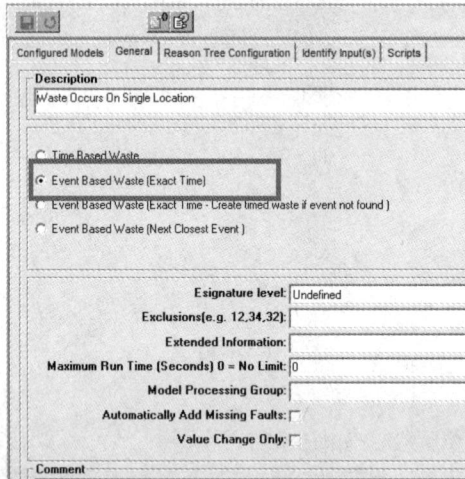

图 6-29

(4) 配置原因树和行为树对应的设备，如图 6-30 所示。注意："Reason Tree"配置废品事件原因树，"Action Tree"配置行为树。

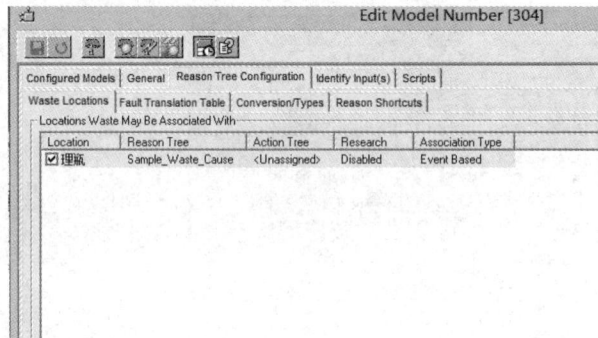

图 6-30

(5) 配置废品事件对应客户快捷选配，如图 6-31 所示。注意："fault Value"要与 PLC 中的废品计数点位进行对照，选取 PLC 值"Fault Name"为客户端显示，目的是显示 PA 软件中废品个数的值。

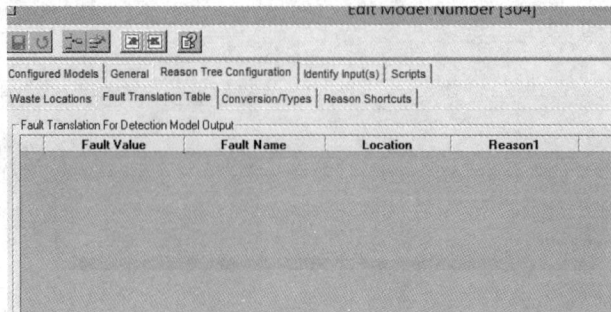

图 6-31

(6) 配置废品转换单位与废品类型，如图 6-32 所示。注意：此处分为两步，第一步，"Waste Measurement"为选择废品转换单位；第二步，"Waste Types"为选择废品类型。

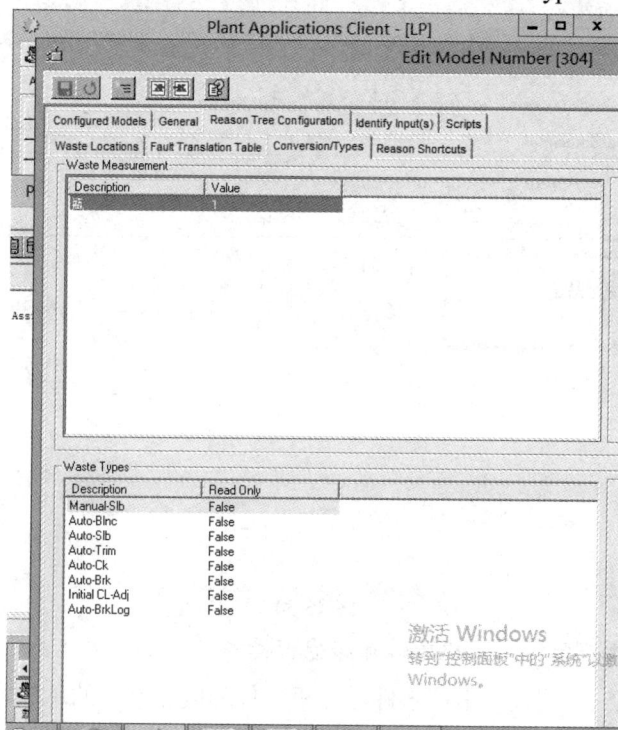

图 6-32

(7) 配置废品变量，废品变量与 iFIX 中的 Tag 点数据建立连接，如图 6-33 所示。注意：若勾选"Trigger"则代表 PA 可提取 iFIX 中的数据，并可以触发废品事件；若不勾选"Trigger"代表 PA 只提取 iFIX 中的数据，但不触发废品事件)。

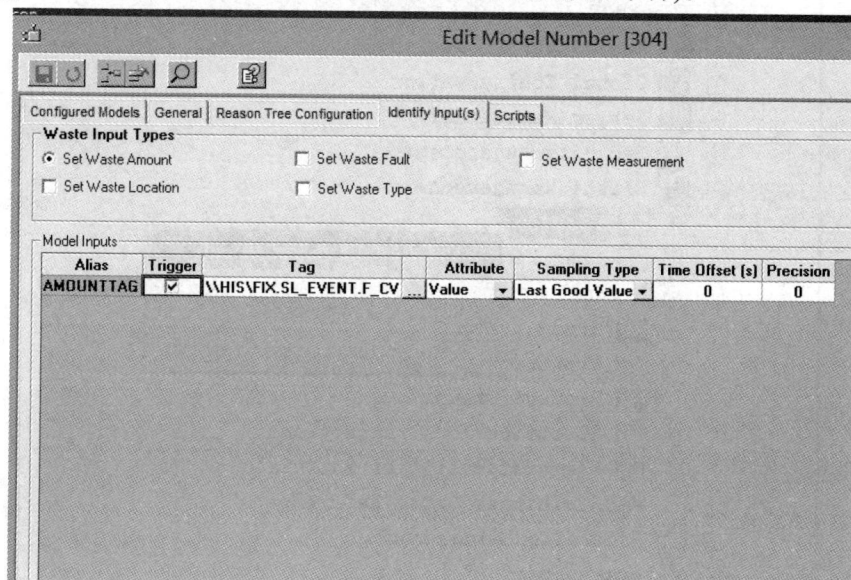

图 6-33

(8) 配置相关脚本,如图 6-34 所示。

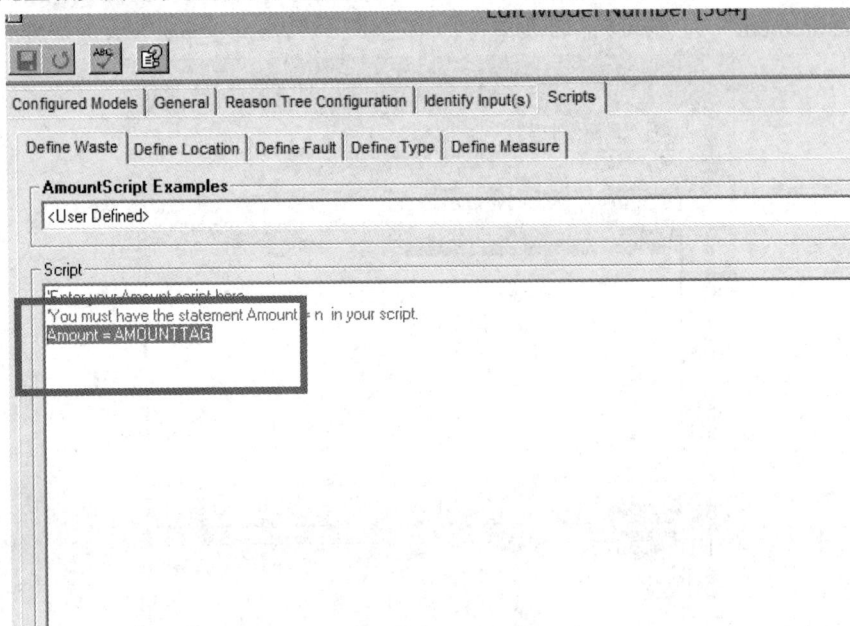

图 6-34

10. 创建设备生产事件、停机事件和废品事件

按着同样的方法, 配置出生产事件、停机事件和废品事件的"数粒-旋盖单元""码垛装盘单元""智能立库单元"等。

11. 创建客户端显示组(客户端展示配置)

(1) 选中"Client Management"下的"Displays"选项,如图 6-35 所示。

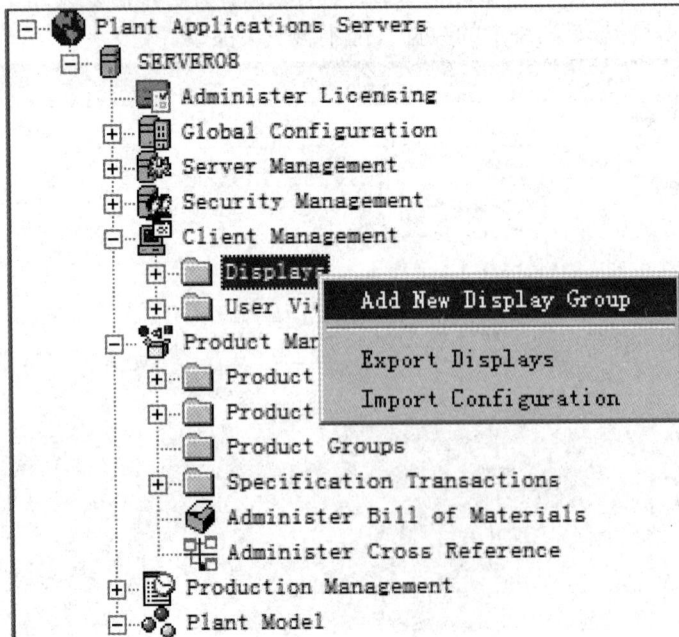

图 6-35

(2) 单击"Add New Display Group"选项,创建"华晟智造先进灌装产线",如图 6-36 所示。

图 6-36

(3) 配置生产事件客户端展示模型,即依次选中"华晟智造先进灌装产线""Add New Display""Autolog Production Event",如图 6-37 所示。

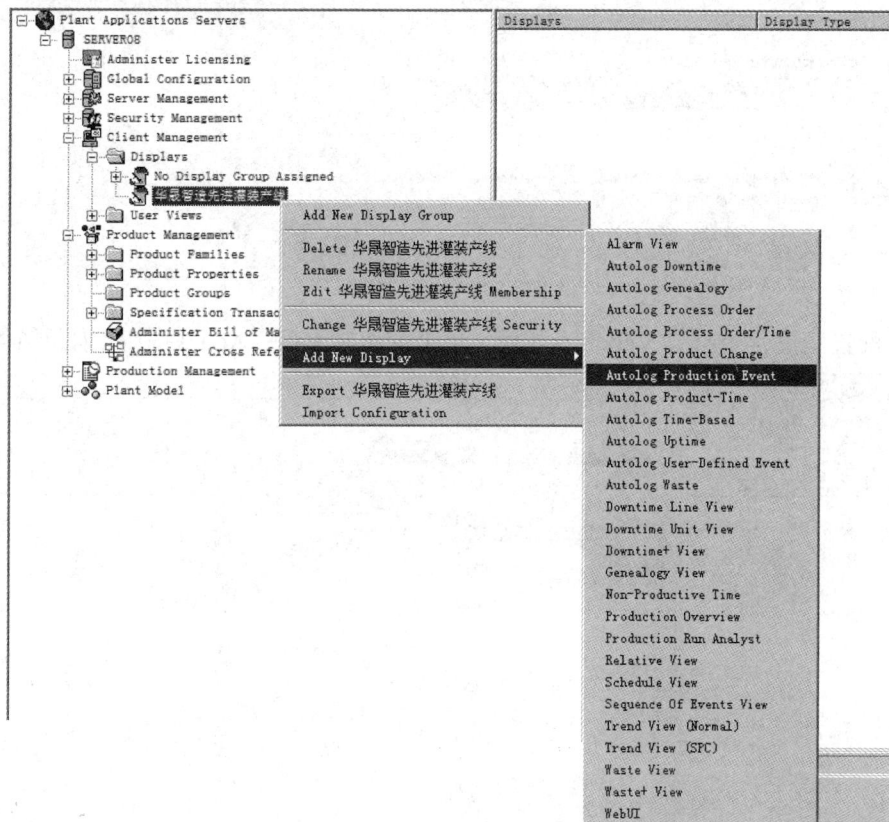

图 6-37

(4) 单击"Autolog Production Event"选项,创建"理瓶-贴标生产事件",如图 6-38 所示。

图 6-38

(5) 双击"理瓶-贴标生产事件"后，弹出图 6-39 所示的对话框，选中对应的单元"理瓶-贴标单元""Batch"，并勾选"Default Genealogy Display"选项。

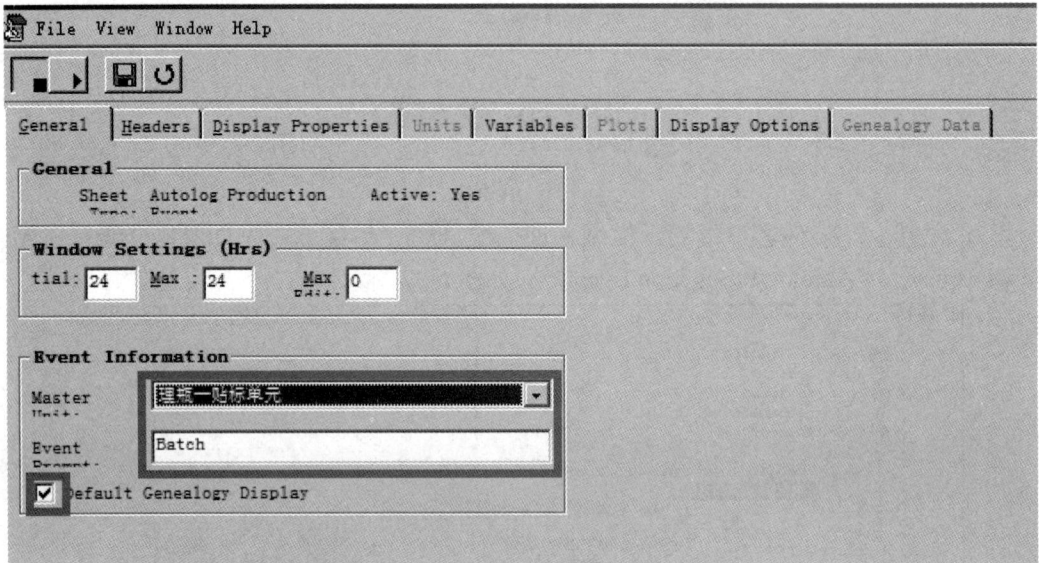

图 6-39

(6) 配置变量，单击"Variables"后，单击窗口右下角"Add"按钮，如图 6-40 所示。

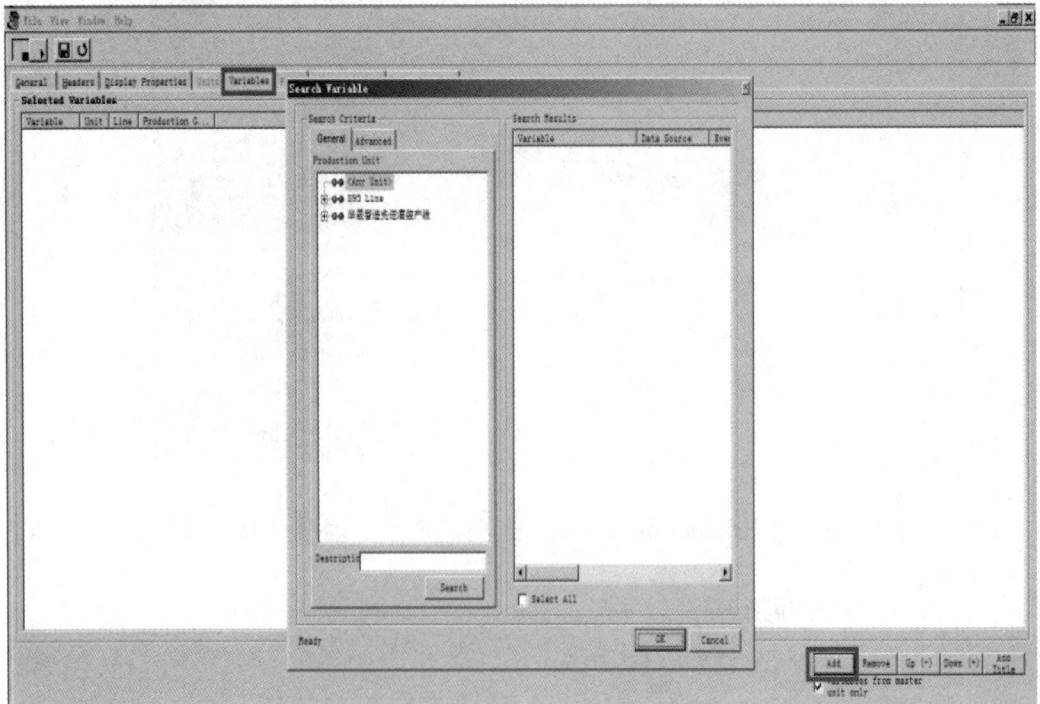

图 6-40

(7) 双击"理瓶-贴标单元变量组"，勾选"Select All"选项，如图 6-41 所示。

图 6-41

(8) 单击"OK"按钮，图 6-41 所示的对话框退出，如图 6-42 所示。

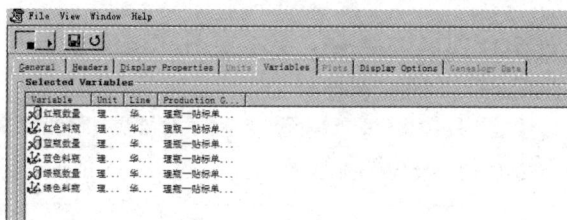

图 6-42

(9) 配置停机事件客户端展示模型，依次选中"华晟智造先进灌装产线""Add New Display Downtime Unit View"，如图 6-43 所示。

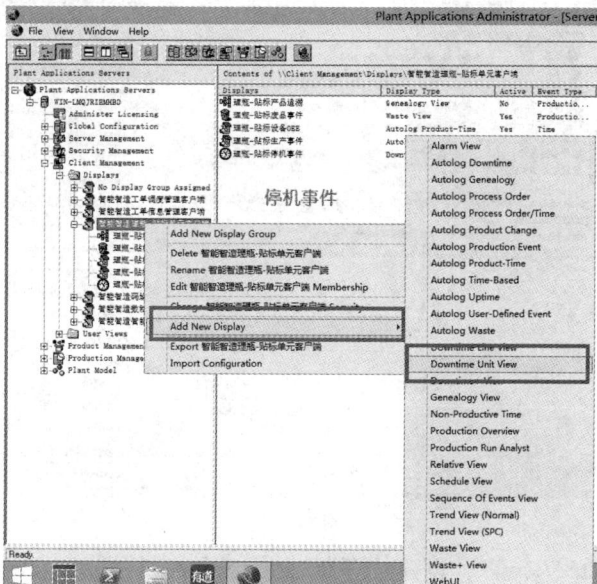

图 6-43

(10) 单击"Downtime Unit View"，创建"理瓶-贴标停机事件展示"。

(11) 双击"理瓶-贴标停机事件展示"，弹出相应的对话框，然后配置其对应的单元"理瓶-贴标单元"，如图 6-44 所示，最后保存。

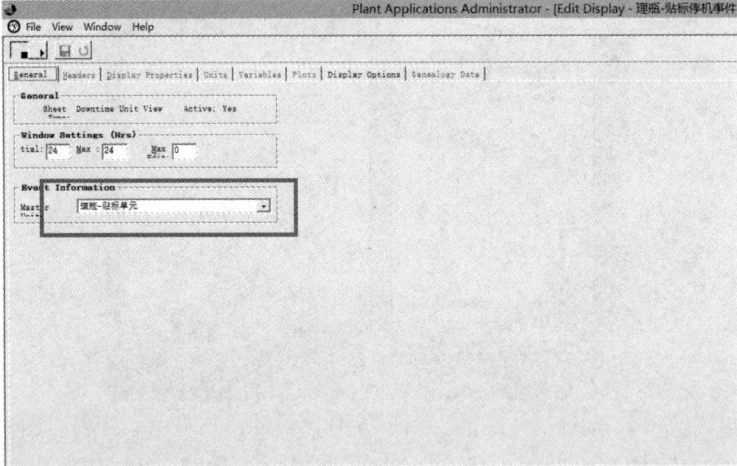

图 6-44

(12) 配置废品事件客户端展示模型，依次选中"华晟智造先进灌装产线""Add New Display""Waste View"，如图 6-45 所示。

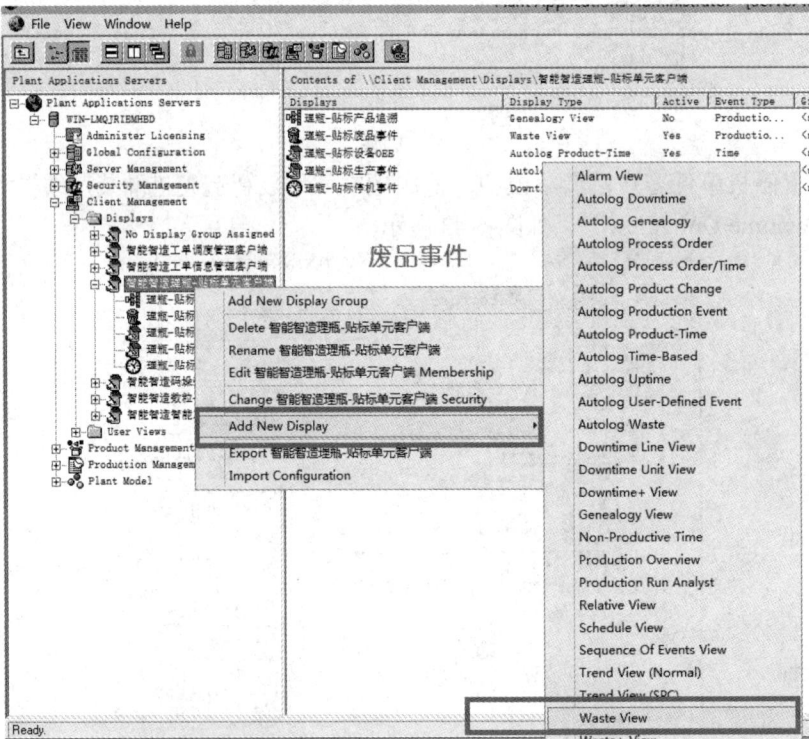

图 6-45

(13) 单击"Waste View"，创建"理瓶-贴标废品事件展示"。

(14) 双击"理瓶-贴标废品事件展示"，弹出相应的对话框，然后配置其对应的单元

"理瓶-贴标单元"，如图 6-46 所示，最后保存。

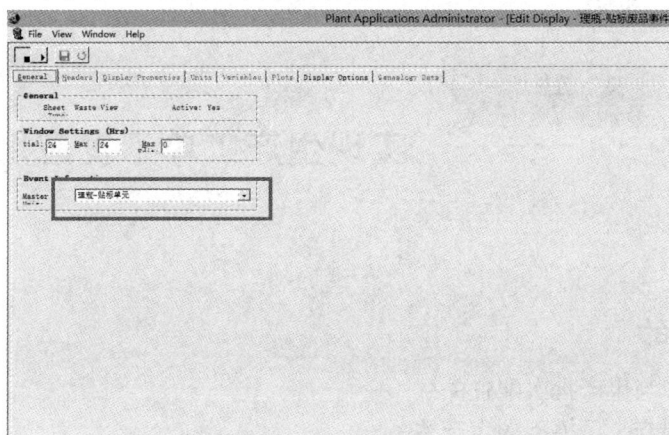

图 6-46

按照同样的方式对其他单元进行生产事件、停机事件、废品事件的客户端展示的配置。

五、注意事项

实验前，首先要确认 PA 软件的相关服务项全部启动，同时要启动 iFIX 虚拟平台和 Historian 数据库，以方便实验测试。

实验前，首先要了解先进灌装产线及其所生产产品的业务逻辑关系，然后根据工厂建模的实验背景和实验步骤开展基于先进灌装产线 MES 开发工程项目的工厂建模。

实现生产工单下发应用

一、实验目的

(1) 了解工单与生产批次配置关系。

(2) 了解工单与工厂模型的生产关系。

二、实验设备

本实验使用的设备有计算机、GE MES 系统的相关软件。

三、实验背景

生产排产是企业在确认客户订单之后，在综合考虑当前工厂的设备生产能力、物料状态、人力资源情况的前提下，制定生产计划的过程，其情况包括排列生产顺序、选择生产设备、减少等待时间、平衡各产线及工人的生产负荷等。生产排产的主要目的是通过排产来优化产能，提高生产效率并缩短生产周期。生产排产是企业生产制造过程中一个非常重要的环节，生产排产计划的好坏将直接影响产线的生产效率，所以实现工单的优化排产对企业来讲至关重要。

四、实验步骤

(1) 打开 MES 二次开发虚拟平台，根据客户授权并单击"登录"按钮，如图 7-1 所示。

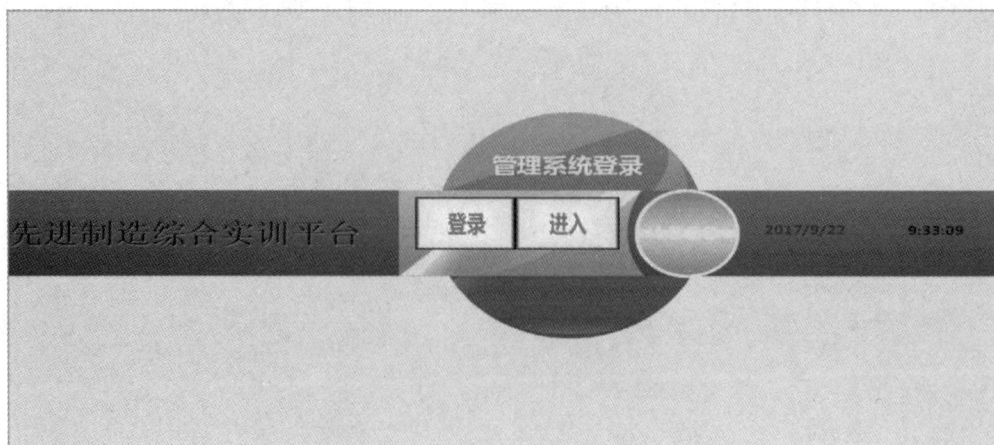

图 7-1

（2）进入系统后单击"排产信息"按钮，进入排产登录画面。根据客户订单的需求，以及工厂的生产信息、通过人工录入的方式进行工单排产，其排产内容主要涉及生产信息、工单信息及用户参数等，如图7-2所示。

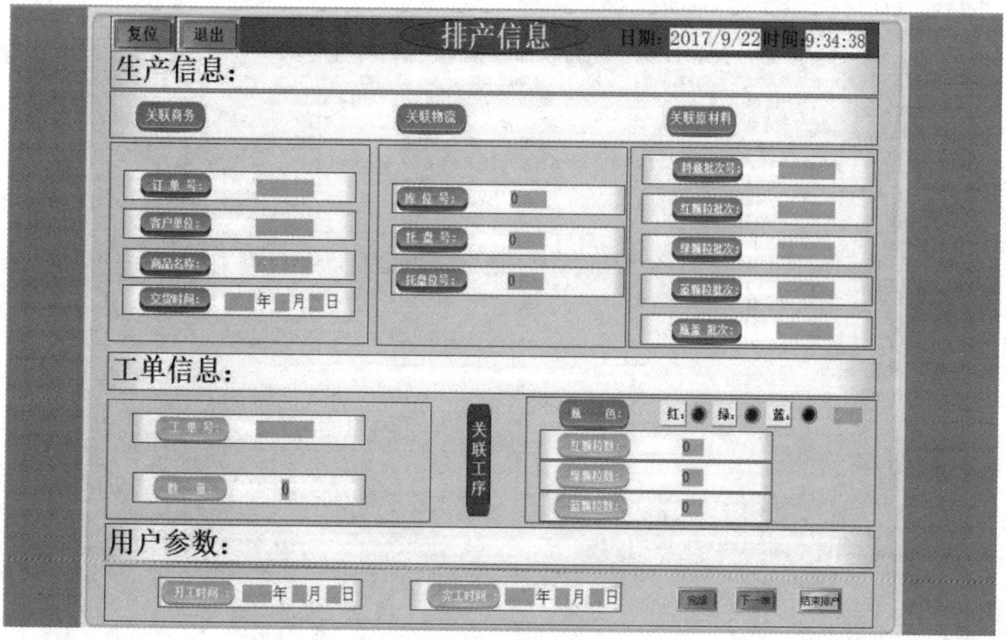

图　7-2

（3）排产信息录入完毕后，单击"下一单"按钮，系统会自动弹出一个新的"排产信息"画面，此时可以根据需求录入第二个排产信息。

（4）排产信息录入完毕后，单击"完成"按钮，系统会弹出"生成工单"界面，如图7-3所示。

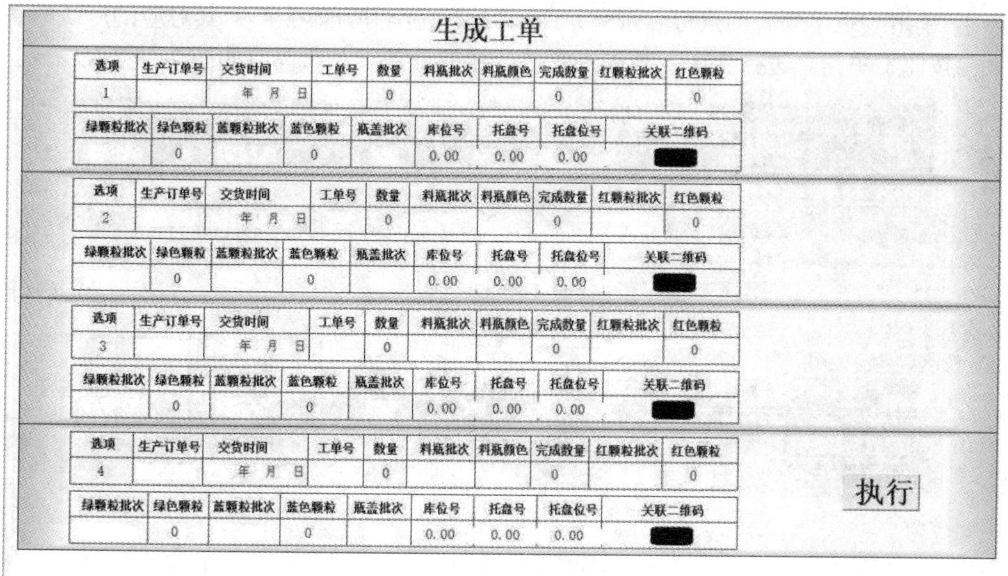

图　7-3

(5) 在人工排产录入工单的同时，PA 客户端的工单调度单元会自动保存各个工单的信息，并形成生产批次，如图 7-4 所示。

Plant Applications Client - [工单调度管理]
文件(F) 查看(V) 工具(T) 动作(A) 窗口(W) 帮助(H)
Active Display: 工单调度管理

Batch	2458019.18094	2458019.18406	2458019.1848	2458019.18552	2458019.87269
Date	2017/Sep/22	2017/Sep/22	2017/Sep/22	2017/Sep/22	2017/Sep/23
Time	16:20	16:25	16:26	16:27	08:56
Product	彩装混色许愿星	彩装混色许愿星	彩装混色许愿星	彩装混色许愿星	彩装混色许愿星
客户单位：	远航	远航	远航	志明	志明
商品名称：	彩色混装许愿星	彩色混装许愿星	彩色混装许愿星	彩色混装许愿星	彩色混装许愿星
订单号：	CX-1	CX-1	CX-2	CX-2	CX-1
红颗粒批次号：	15	16	16	18	18
绿颗粒批次号：	14	15	16	19	31
蓝颗粒批次号：	14	15	16	21	23
工单号：	1211	1212	1213	1214	1215
料瓶数量：	1	1	1	1	1
料瓶颜色：	红	红	红	绿	绿
红许愿星数量：	30	30	0	90	30
绿许愿星数量：	30	0	90	0	30
蓝许愿星数量：	30	60	0	0	30
托盘号：	1	1	2	2	3
托盘位号：	1	1	1	1	1
库位号：	1	1	2	2	3
交货时间：年			17	12	12
交货时间：日			4	12	12
交货时间：月			3	1	1

工单调…

图　7-4

(6) 工单与工厂产线的生产关系展示如下：

① 单击"工单列表的执行"按钮，确认排产完毕并开始生产，其对应的产线的各个单元会按照工单信息进行生产，其先进灌装产线的设备工艺布局，如图 7-5 所示。

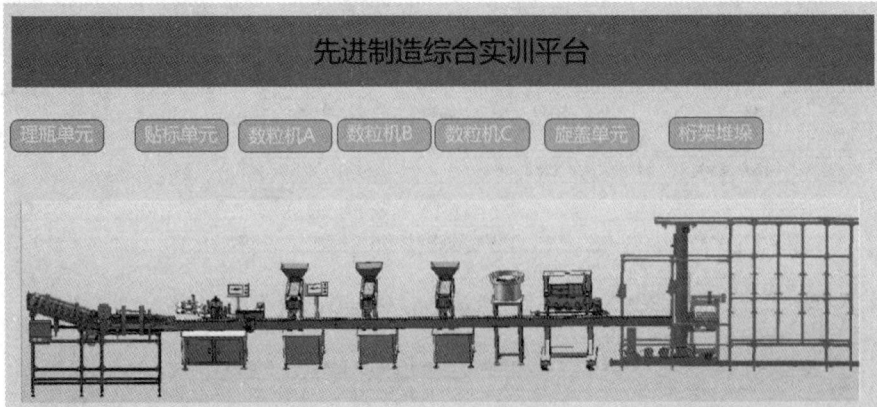

先进制造综合实训平台

理瓶单元　贴标单元　数粒机A　数粒机B　数粒机C　旋盖单元　桁架堆垛

图　7-5

② 理瓶单元。按照工单要求理出对应颜色和数量的料瓶，如图 7-6 所示。

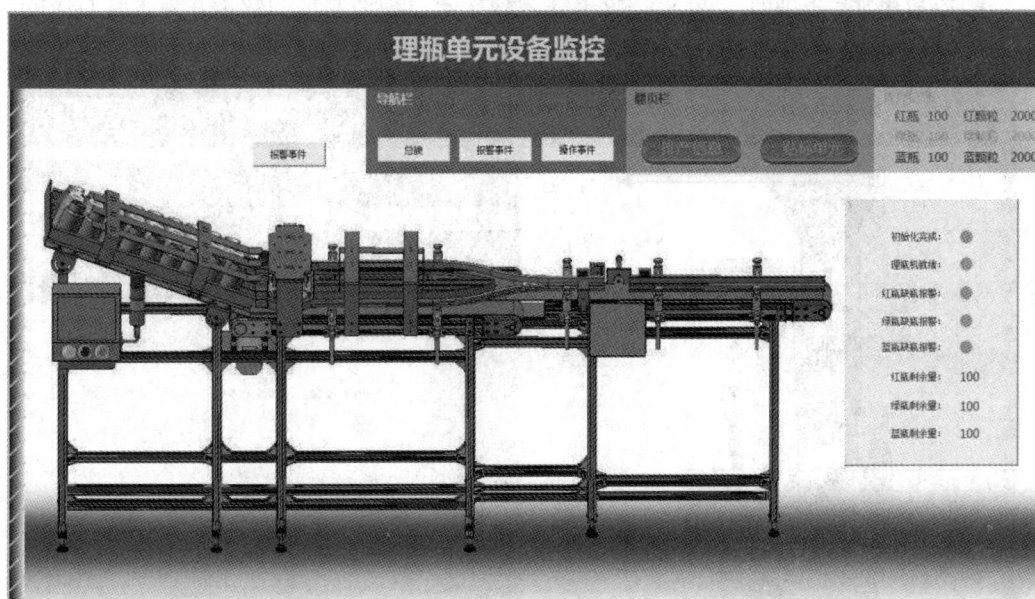

图　7-6

③ 贴标单元。对料瓶粘贴二维码，如图 7-7 所示。注意：MES 配置上将理瓶和贴标归为一个工艺段。

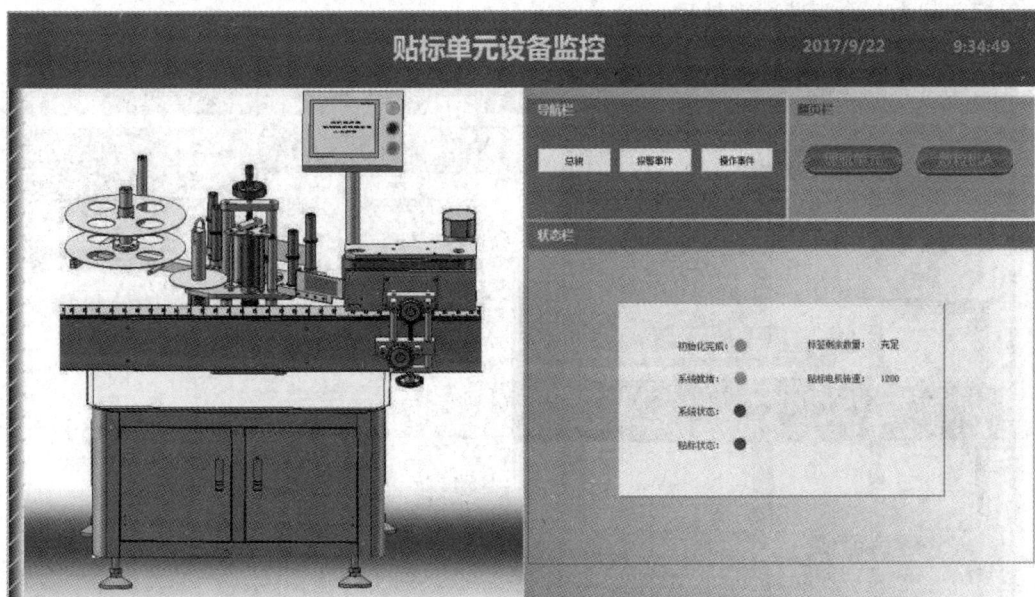

图　7-7

④ 数粒单元。按照工单要求，数出红、绿、蓝三种许愿星的数量并灌入其对应的料瓶，如图 7-8 所示。

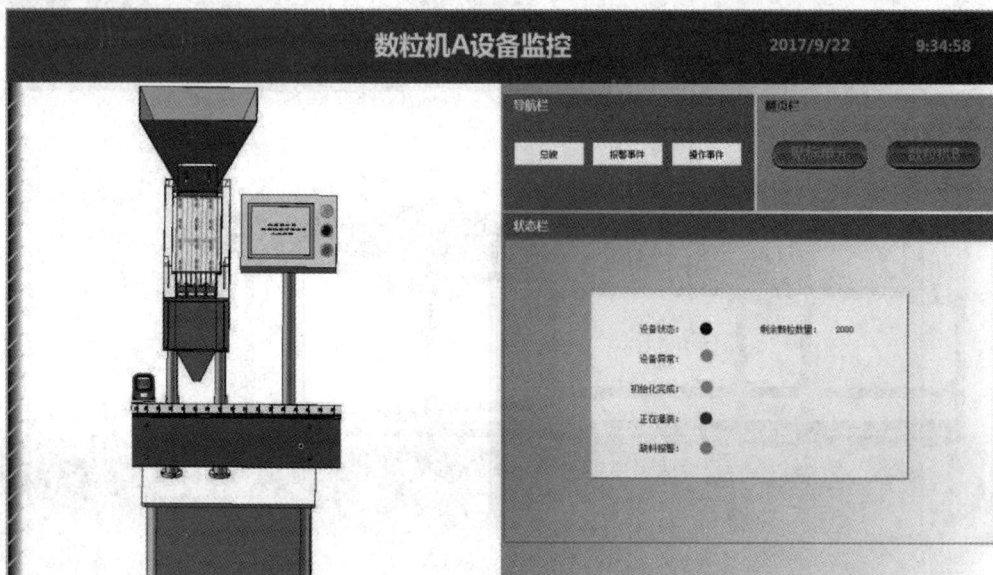

图 7-8

⑤ 旋盖单元。对装入许愿星的料瓶进行旋盖操作，如图 7-9 所示。注意：MES 将数粒与旋盖归为一个工艺段来处理。

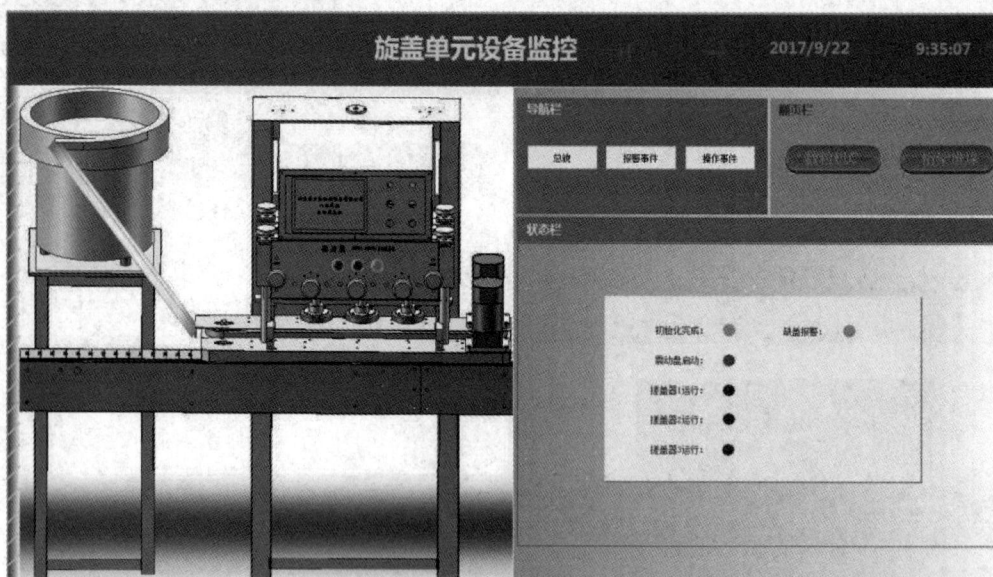

图 7-9

⑥ 码垛装盘和智能立库单元。按照工单要求，完成料瓶的装盘和入库任务，如图 7-10 所示。

图 7-10

五、注意事项

实验前，首先要确认 PA 软件的相关服务项全部启动，同时要启动 iFIX 软件和 Historian 数据库，以便实验测试。

学生在做此实验前，应具备创建产品模型和工厂模型的能力，并对先进灌装产线以及此产线所生产产品的业务逻辑关系有了较深的认识，即可以用工程模型的方式表述其业务逻辑关系。在此基础上，还可以要求学生根据基于"先进灌装产线"虚拟平台进行工单排产和效果演示等实训练习。

实现设备综合效率的应用

一、实验目的

(1) 理解 OEE 概念及其应用。

(2) 掌握基于单体设备 OEE 配置方法。

二、实验设备与软件

本实验使用的设备有计算机、MES 相关软件。

三、实验背景

一般来说，每一个生产设备都有自己的理论产能，要实现这一理论产能必须保证没有任何干扰和质量损耗。设备综合效率（Overall Equipment Effectiveness，OEE）就是用来表现实际的生产能力相对于理论产能的比率，它是一个独立的测量工具。OEE 可以使生产瓶颈更加清晰，还对生产有重要的指导意义。

四、实验步骤

1. 创建基于设备的 OEE 特征及 OEE 特征变量规格设定

(1) 按创建产品属性的步骤，创建出"先进灌装产线 OEE"的产品特征(即"理瓶-贴标单元""码垛装盘单元""数粒-旋盖单元""智能立库单元")，并创建出所需要配置的"Speci fication Variables"(即"OEE%""废品%""停机%""生产效率")，如图 8-1 所示。

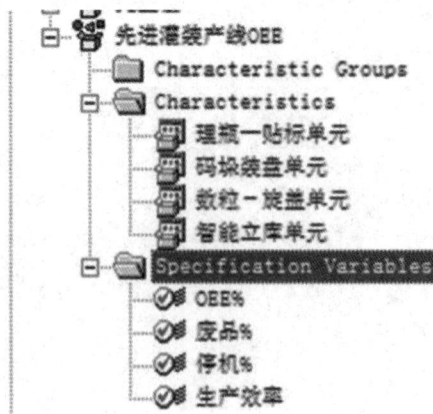

图 8-1

(2) 选择"先进灌装产线 OEE""Enter Specifications for 先进灌装产线 OEE",如图 8-2 所示。

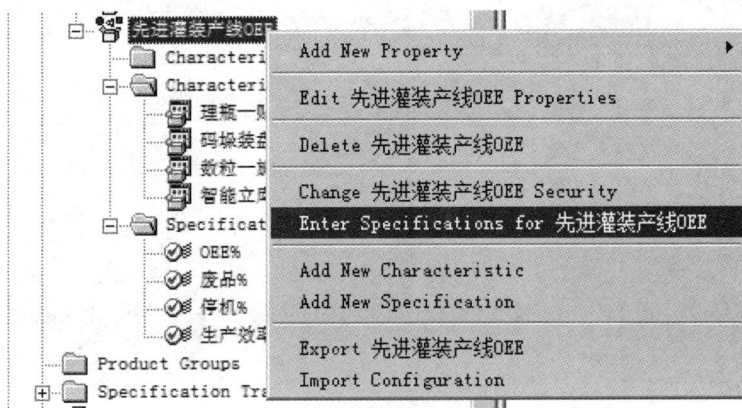

图 8-2

(3) 单击"Enter Specifications for 先进灌装产线 OEE"选项,弹出对话框如图 8-3 所示。

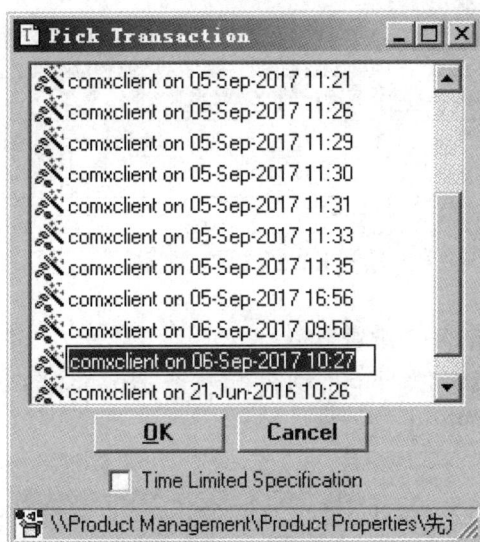

图 8-3

(4) 单击"OK"按钮,弹出如图 8-4 所示的窗口。

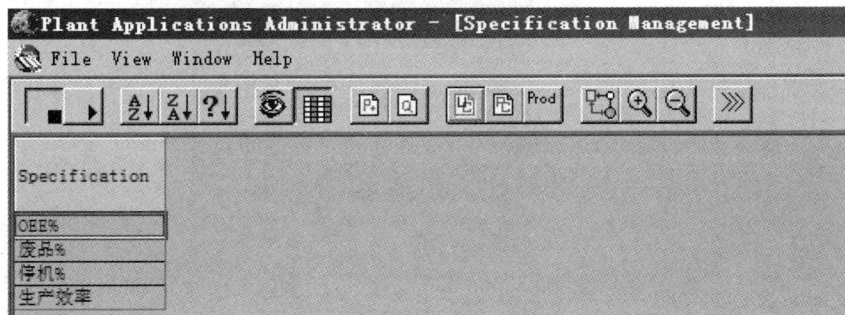

图 8-4

(5) 单击 ">>" 按钮，添加需要配置的产品特征(设备单元)，如图 8-5 所示。

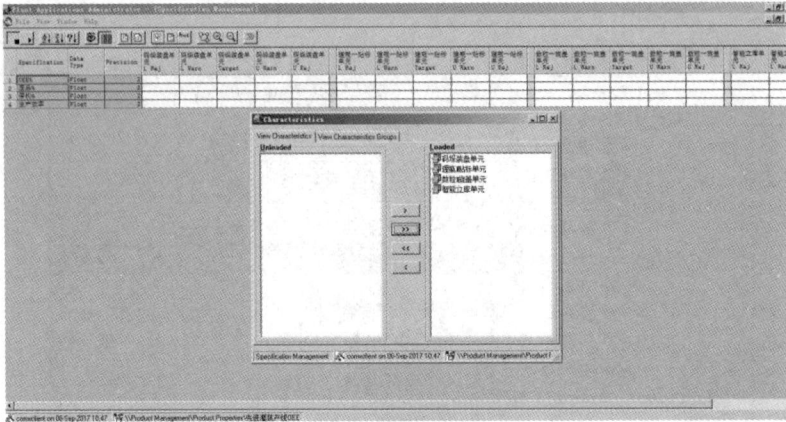

图 8-5

(6) 为所配置的产品特征(设备单元) 设置规格参数，如图 8-6 所示。注意：根据实际要求设置所需设备的规格限定参数。

	Specification	Data Type	Precision	理瓶一贴标单元 L Rej	理瓶一贴标单元 L Warn	理瓶一贴标单元 Target	理瓶一贴标单元 U Warn	理瓶一贴标单元 U Rej
1	OEE%	Float	2	45.00	50.00	75.00	100.00	100.00
2	废品%	Float	2	45.00	50.00	75.00	100.00	100.00
3	浮机%	Float	2	45.00	50.00	75.00	100.00	100.00
4	生产效率	Float	2	45.00	50.00	75.00	100.00	100.00

图 8-6

2. 创建基于设备单元 OEE 配置

(1) 选择 "理瓶-贴标单元" "Edit 理瓶-贴标单元 Properties"，如图 8-7 所示。

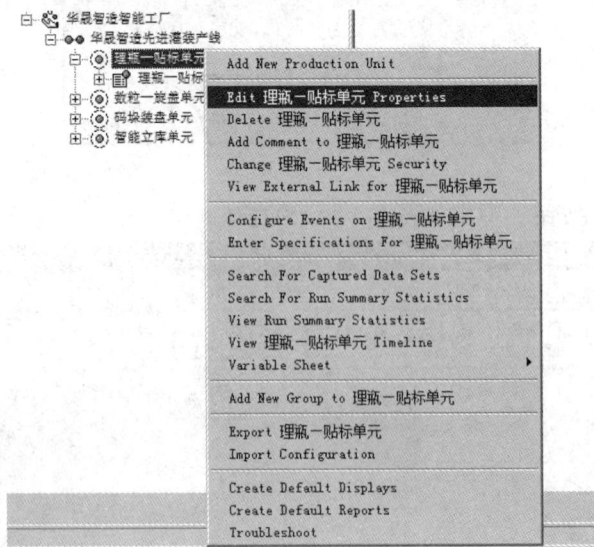

图 8-7

(2) 单击"Edit 理瓶-贴标单元 Properties"选项，弹出的对话框如图 8-8 所示。选中"Production Metrics"选项卡，根据项目需求设置对应选项。

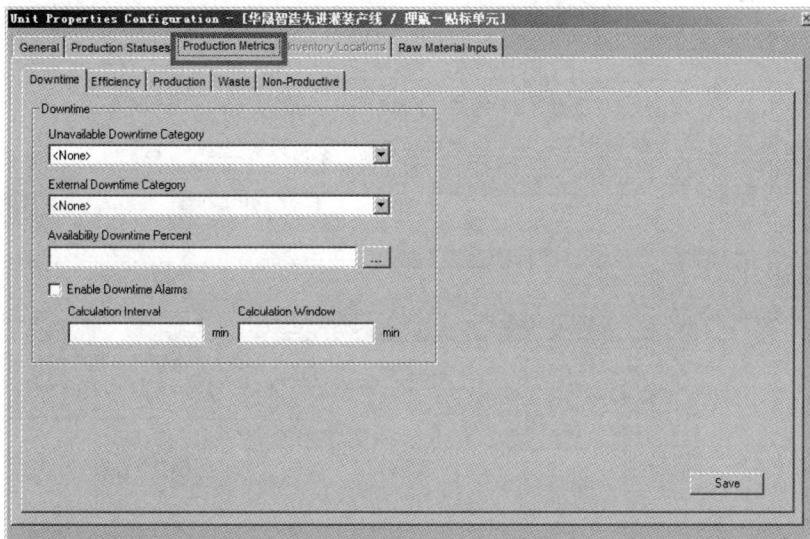

图 8-8

(3) 创建 OEE 生产指标。

① 选择停机事件：在对话框"Unavailable Downtime Category"菜单选择"Performance Downtime"，"External Downtime ateqory"菜单选择"Outside Area"，"Availability Downtime Percent"选择"先进灌装产线 OEE/停机"。

② 创建停机分类，如图 8-9、图 8-10 所示。

a. 配置"Unavaiable Downtime Category"(指定计划性停机)为 "Planned Downtime"。

b. 配置"External Downtime Category"(指定设备外停机，不分内外)为 "Outside Area"。

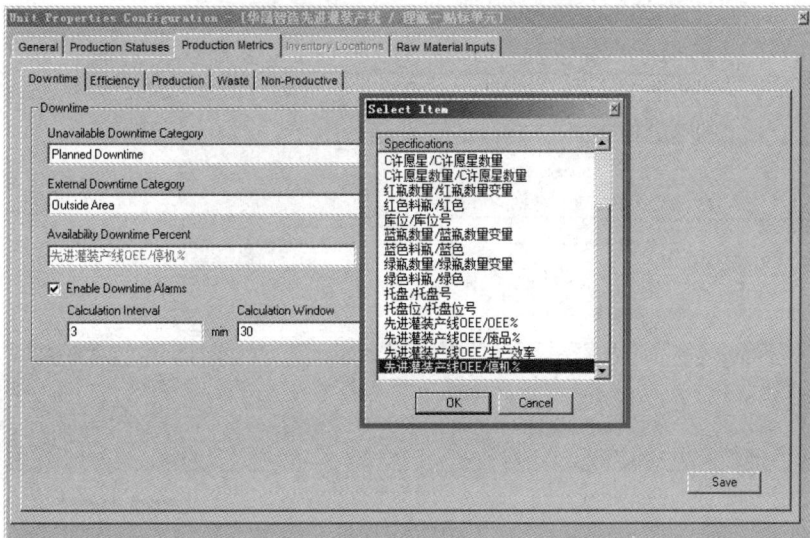

图 8-9

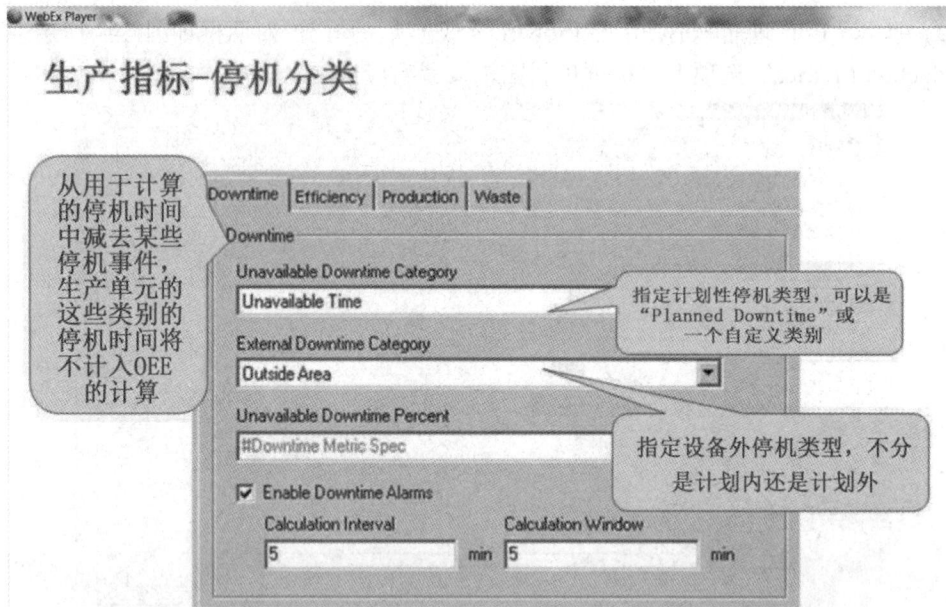

图 8-10

③ 创建停机率：单击"OK"按键，"先进灌装产线 OEE/停机"自动填入文本框内部，勾选"Enable Downtime Alarms"。为了试验效果"Calculation lnterval"设置为 5 min，"Calculation Window"设置为 5 min，最后单击 "Save"按钮进行保存操作， 如图 8-11、图 8-12 所示。

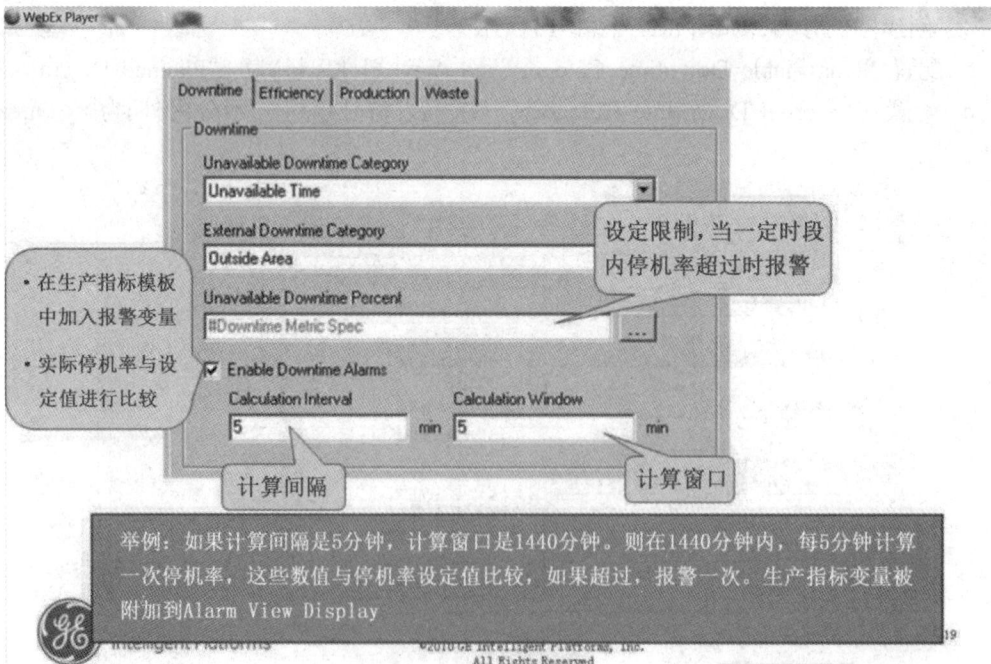

图 8-11

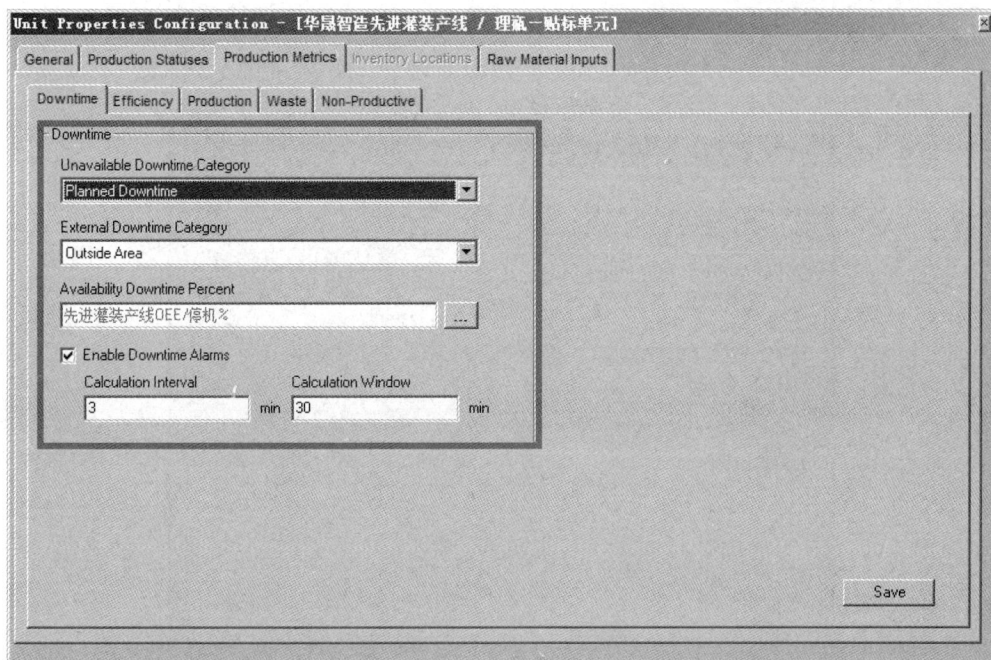

图 8-12

④ 创建综合效率：选择"Efficiency"，勾选"Use Standard Efficiency Calculation"选中"先进灌装产线 OEE/效率%"，为了试验效果"Calculation lnterval"设置为 3 min，"Calculation Window"设置为 30 min，最后单击"Save"按钮进行保存操作，如图 8-13、图 8-14 所示。

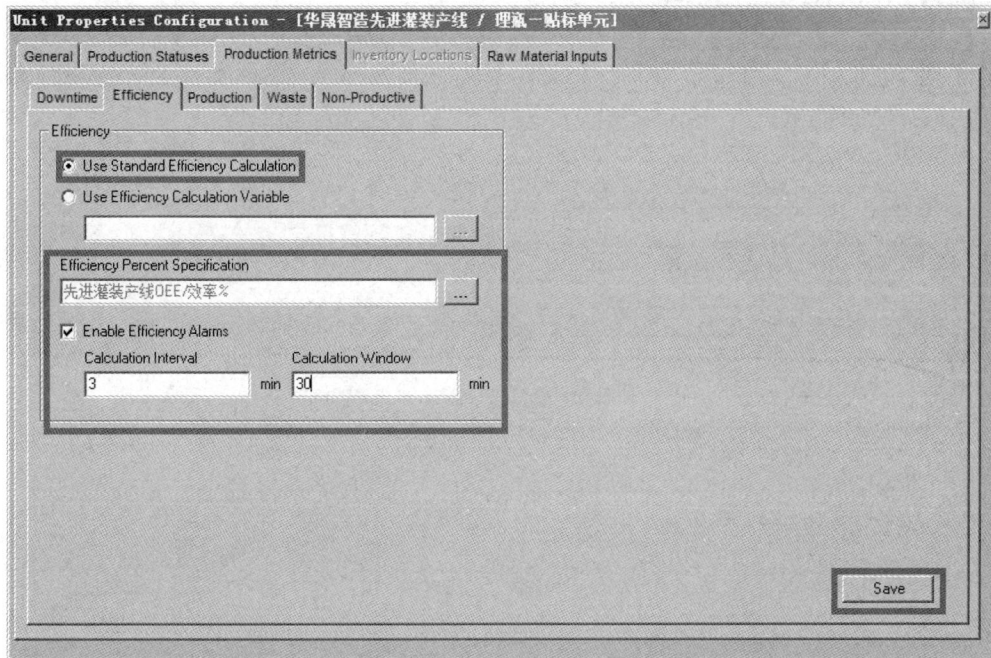

图 8-13

生产指标-效率

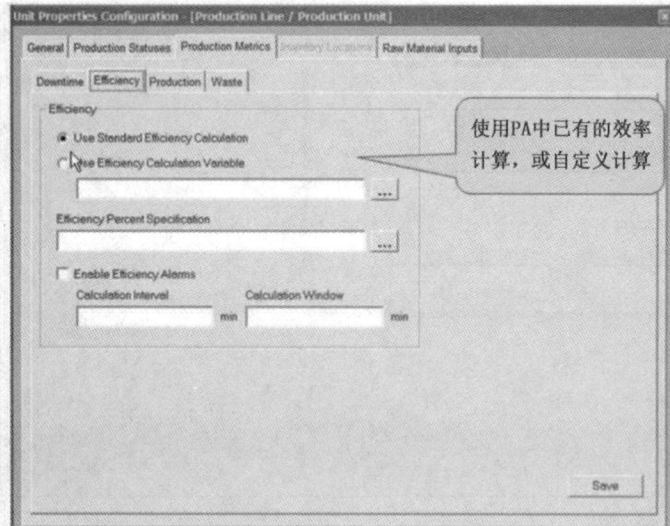

图 8-14

⑤ 创建生产效率：选择"Production"，勾选"Production is Accumulated From Event Dimensions"；"Performance Downtime Category"选择"Performance Downtime"；"Production Rate Specitication"选择"先进灌装产线 OEE/生产效率"；"Production Rate Time Units"选择"Minute"，具体配置如图 8-15、图 8-16 所示。

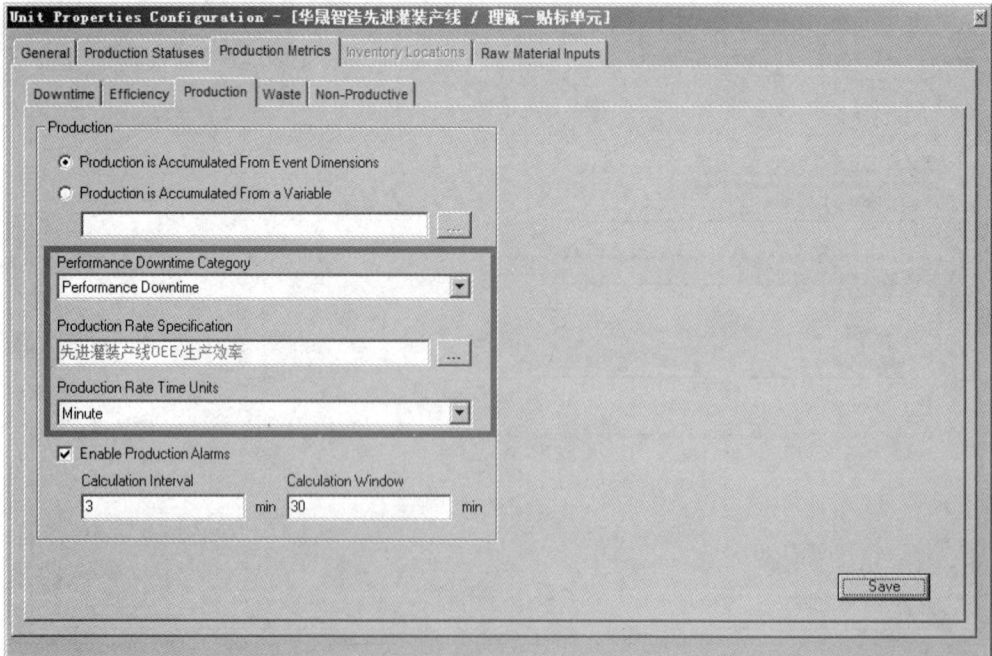

图 8-15

生产指标-生产

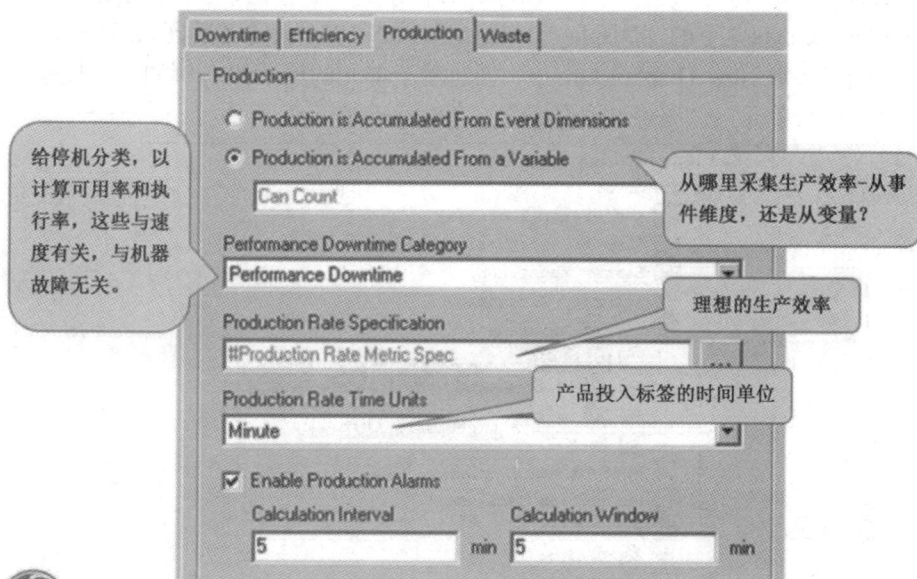

图 8-16

⑥ 创建废品率：选中"Waste"配置废品率，具体配置数据如图 8-17 所示。

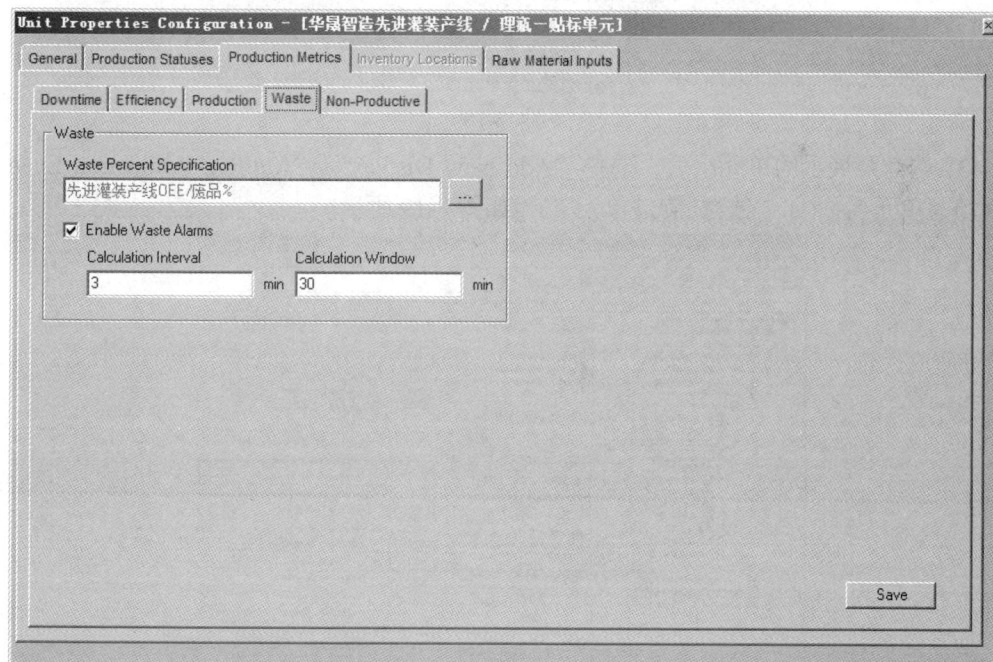

图 8-17

(4) 单击"保存"按钮，"理瓶-贴标单元"的 OEE 配置完毕。按着同样的方法，对产线的其他单元进行 OEE 配置，此处不再详细说明。

3. 配置基于设备单元的 OEE 客户端展示模型

(1) 创建"Display"客户端组(如前面已经创建完毕在这里不必重复创建),选择"Client Management"下的"Display",弹出如图 8-18 所示的对话框。

(2) 单击"Add New Display Group"创建基于单元的展示组,例如,"理瓶-贴标单元""数粒-旋盖单元""码垛装盘单元""智能立库单元"。

图 8-18

(3) 选择要展示的单元组后,选择"Add New Display""Autolog Production Event",然后填写单元名称(如"数粒-旋盖单元"),如图 8-19 所示。

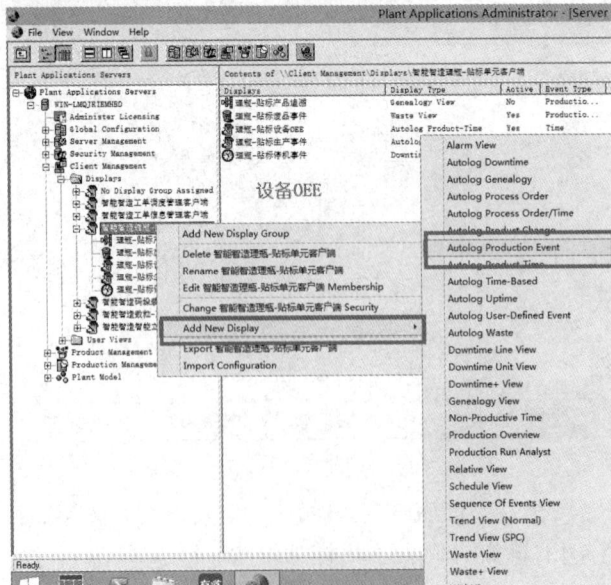

图 8-19

(4) 单击刚刚创建出的"数粒–旋盖设备综合效率 OEE"图标，弹出图 8-20 所示的对话框，然后对其进行配置，其配置内容如图 8-20 所示。注意：刷新时间要与"Calculation lnterval"的计算间隔时间一致。

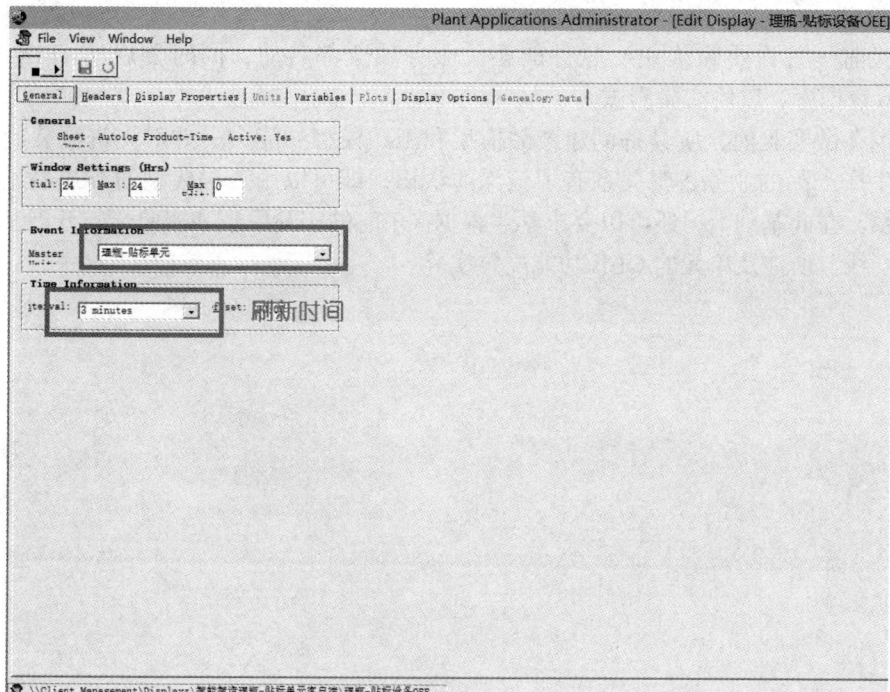

图 8-20

(5) 选中图 8-21 所示的"Variables"菜单键，单击"Add"按钮，配置要展示的 OEE 各项分类指标参数(如停机率、生产效率、废品率、综合效率)，其具体配置内容如图 8-21 所示。

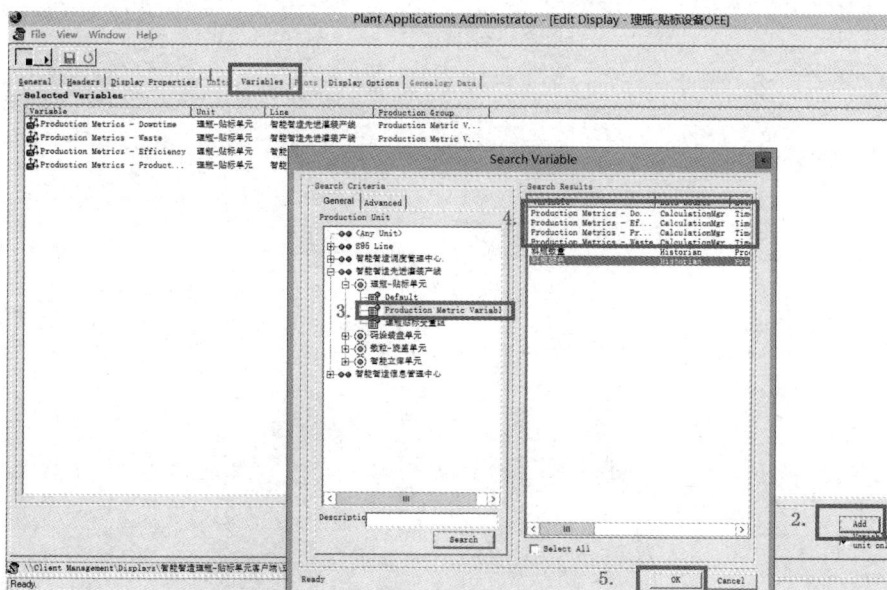

图 8-21

(6) 单击"保存"按钮，"数粒-旋盖单元"的 OEE 客户端展示配置完毕。按照同样的办法，配置其他单元的 OEE 客户端展示配置。

五、注意事项

实验前，首先要确认 PA 软件的相关服务项全部启动，同时要启动 iFIX 软件和 Historian 数据库，以便实验测试。

学生在做实验前，应具备创建产品模型和工厂模型的能力，并对先进灌装产线及此产线所生产产品的业务逻辑关系有了较深的认识，即可以用工程模型的方式表述其业务逻辑关系。在此基础上，还可以要求学生根据 OEE 的实验原理和实验步骤开展基于"先进灌装产线"所涉及单元的 OEE 功能配置实验。

实现产品追溯应用

一、实验目的

(1) 理解产品追溯概念及其应用。

(2) 熟练掌握追溯配置方法。

二、实验设备

本实验使用的设备有计算机、GE MES 相关软件。

三、实验背景

MES 的追踪与反追踪功能可以实现从原料到包装入库再到最终成品发货的整个生产过程的追踪和反追踪，实现对每一个批次的管理，对批次流程的监控与追溯，对生产参数、过程参数与化验数据的监控与分析，对关键绩效指标(Key Performace Indicator,KPI)的采集、分析与管理；建立完整的产品谱系档案，实现对产品及生产过程的有效监控。

四、实验步骤

1. 创建基于设备单元之间的产品追溯

(1) 确认设备单元之间的工艺流程，其工艺流程为"理瓶-贴标单元"→"数粒-旋盖单元"→"码垛装盘单元"→"智能立库单元"，如图 9-1 所示。

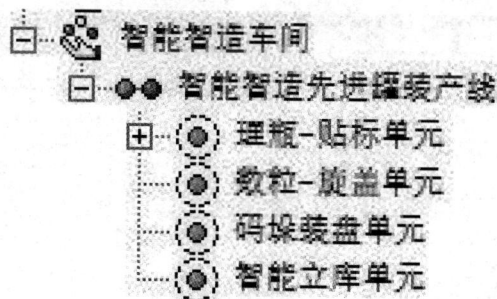

图 9-1

(2) 以"理瓶-贴标单元""数粒-旋盖单元"为例，创建基于"数粒-旋盖单元"的产品追溯。选择"数粒-旋盖单元"，弹出如图 9-2 所示的对话框。

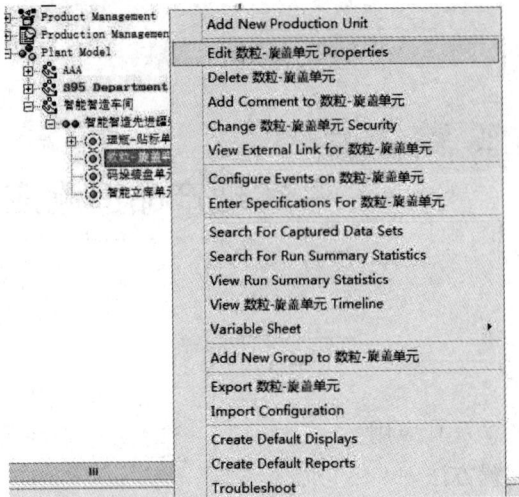

图 9-2

(3) 选择"Edit 数粒-旋盖单元 Properties"后，弹出如图 9-3 所示的对话框。

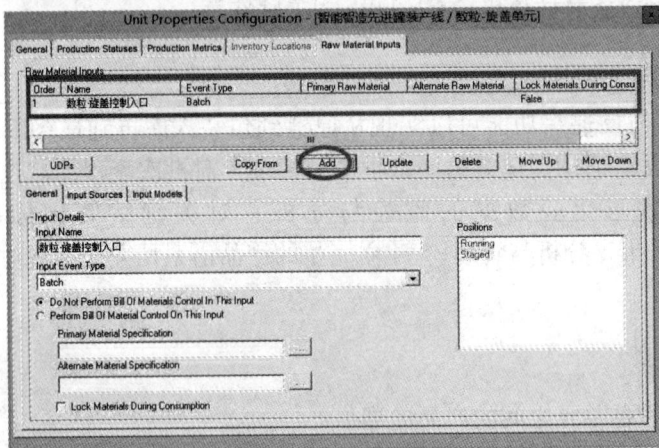

图 9-3

(4) 选择"Raw Material Inputs"选项，弹出如图 9-4 所示的对话框。

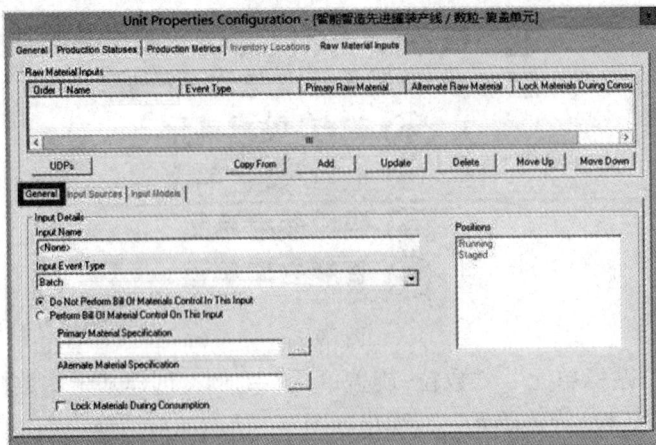

图 9-4

(5) 在"General"菜单栏中，编辑其相关内容，如图 9-5 所示。

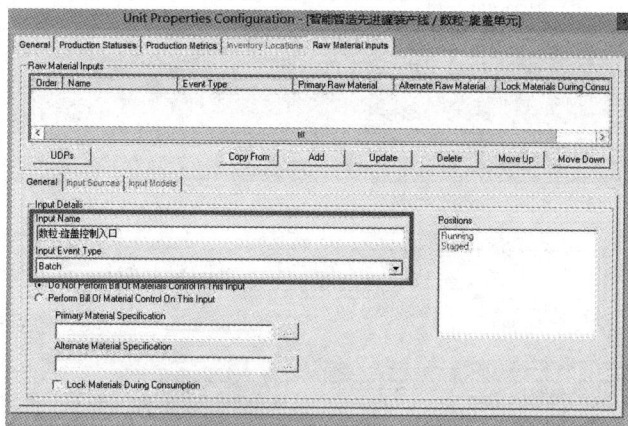

图 9-5

(6) 单击"Add"按钮，添加配置，如图 9-6 所示。

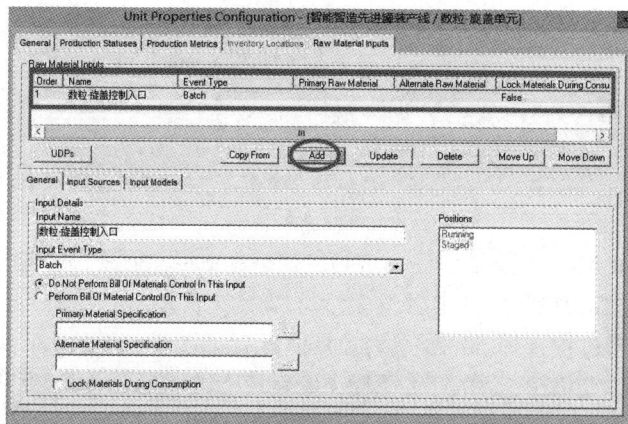

图 9-6

(7) 单击"Input Sources"选项，弹出如图 9-7 所示的对话框，单击"Add"按钮，并进行搜索操作（"Search"按钮），如图 9-7 所示。

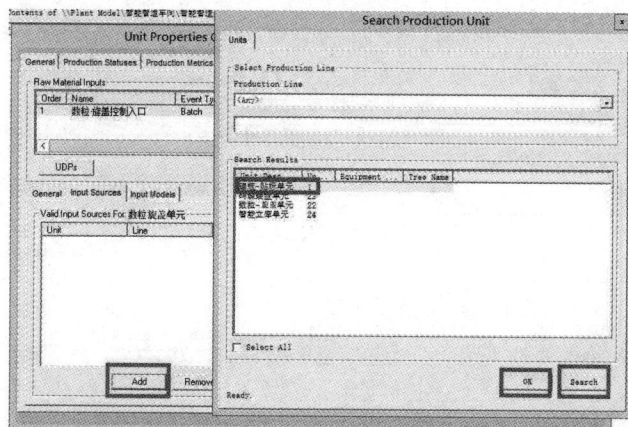

图 9-7

(8) 搜索完毕后，选中"理瓶-贴标单元"后，单击"OK"按钮，弹出如图 9-8 所示的对话框。

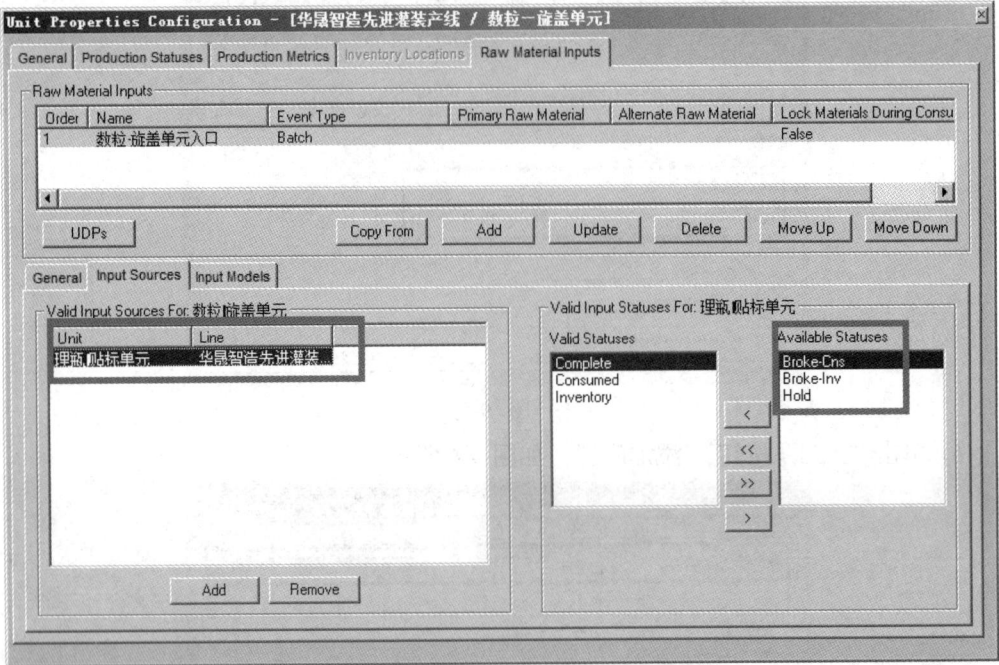

图 9-8

(9) 选中"Input Models"菜单栏，进行"Movement"配置，单击"Activate"对其进行激活操作，然后配置其属性(其中触发变量可以配置成 PA 系统外部变量，如 Historian 标签变量、事件存储过程选择 5002 模型)，具体配置如图 9-9 所示。

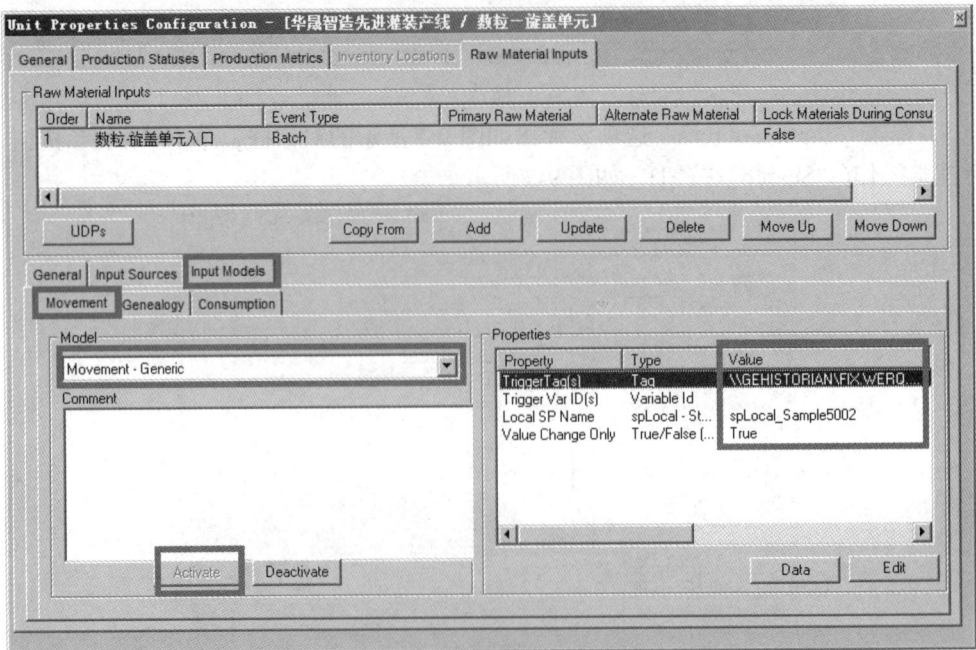

图 9-9

(10) 配置"Genealogy"事件过程，其配置结果如图 9-10 所示。

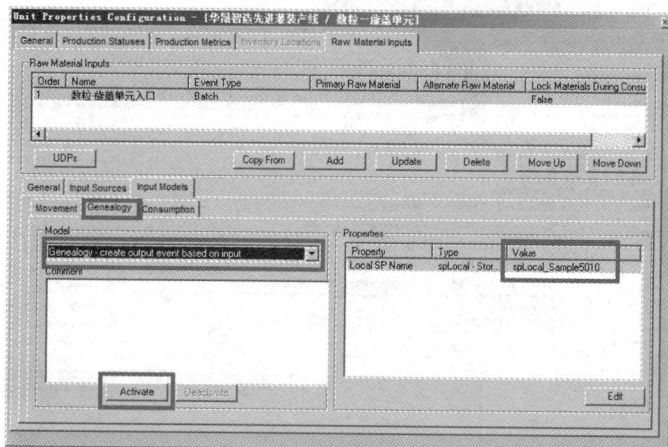

图　9-10

(11) 单击"Activate"激活 Genealogy 事件，到此"数粒-贴标单元"与其上一道工序"理瓶-贴标单元"的追溯过程配置完毕。按照相同的方式可以配置后续工艺段的追溯过程。

2. 配置追溯功能客户端展示模型

(1) 创建"Display"客户端组(如前面已经创建完毕则不必重复创建)，选中"Client Management"下的"Display"→"Add New Display Group"选项，如图 9-11 所示。

(2) 单击"Add New Display Group"创建基于单元的展示组，例如，"理瓶-贴标单元""数粒-旋盖单元""码垛装盘单元""智能立库单元"。

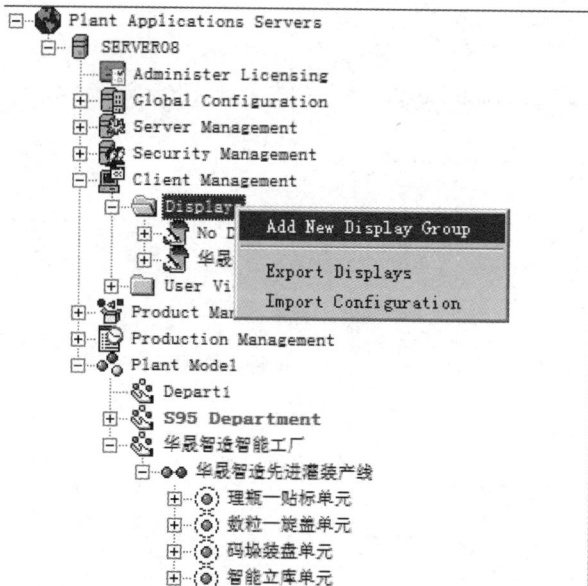

图　9-11

(3) 选择要展示的单元组后，选择"Add New Display Group"下的"Genealogy View"选项后，填写单元名称(如"数粒-旋盖单元")如图 9-12 所示。

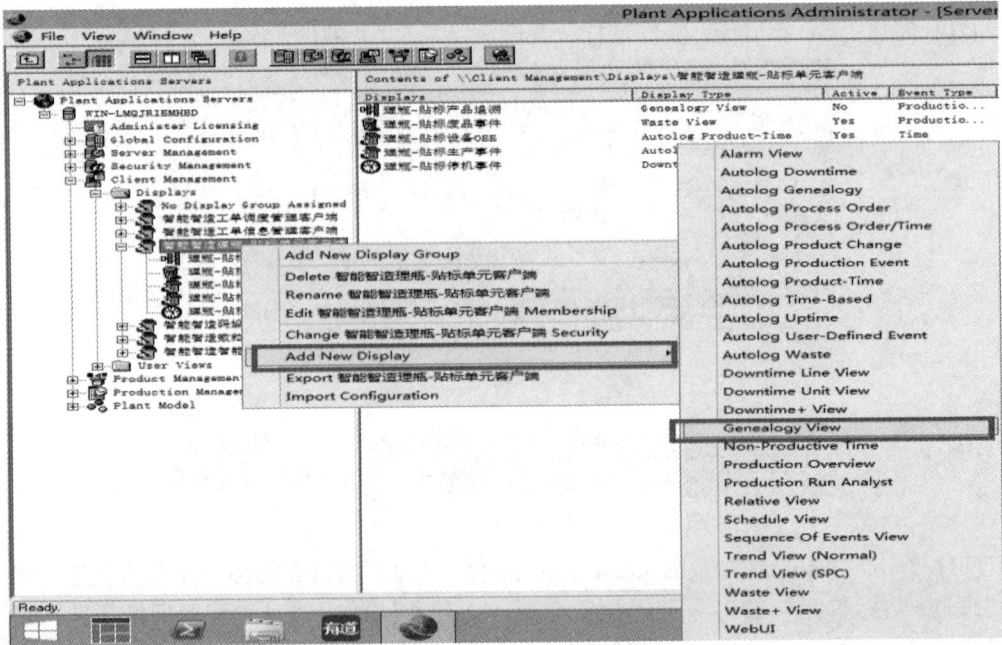

图 9-12

(4) 单击刚刚创建出的"数粒-旋盖单元"图标，弹出如图 9-13 所示的对话框。

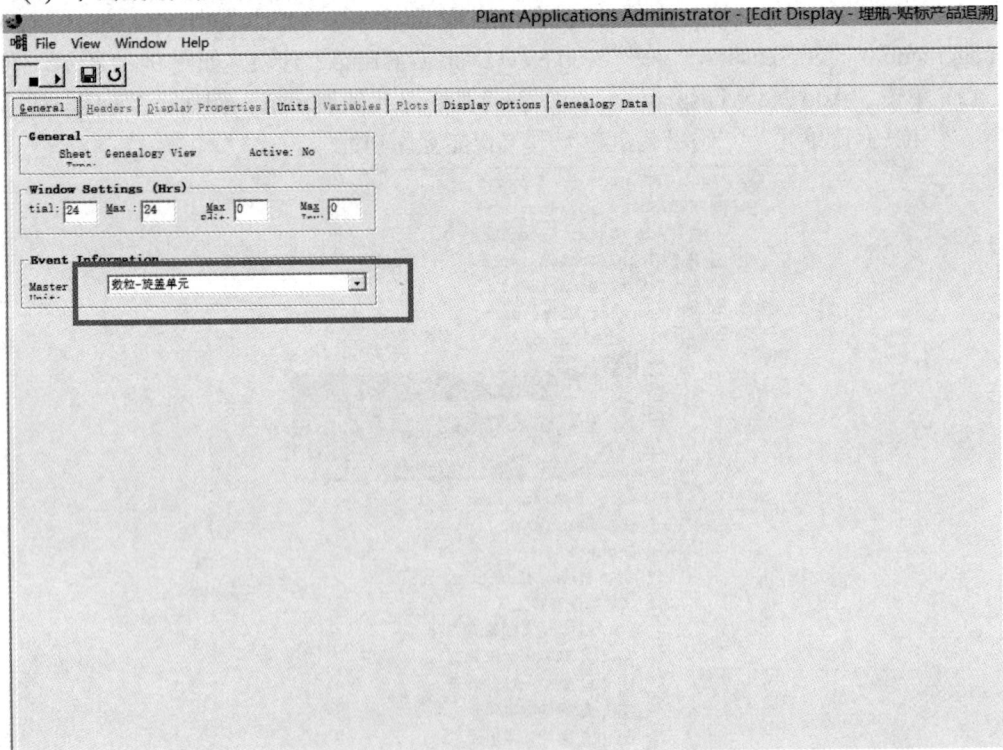

图 9-13

(5) 单击"保存"按钮，"数粒-旋盖单元"的追溯配置完毕。按照同样的办法可以配置其他单元的追溯客户端展示配置。

五、注意事项

实验前，首先要确认 PA 软件的相关服务项全部启动，同时还要启动 iFIX 软件和 Historian 数据库，以便实验测试。

学生在做此实验前，应已经具备创建产品模型和工厂模型的能力，并对灌装产线及其所生产产品的业务逻辑关系有了较深的认识，即可以用工程模型的方式表述其业务逻辑关系，在此基础上，还可以要求学生根据追溯功能的实验背景和实验步骤开展基于先进灌装产线所涉及单元之间内部的追溯功能。

参 考 文 献

[1] 林燕文. 制造执行系统应用开发[M]. 北京：高等教育出版社，2018.

[2] 王隆太. 先进制造技术[M]. 北京：机械工业出版社，2018.

[3] 周玉清，刘伯莹. ERP原理与应用[M]. 北京：清华大学出版社，2018.

[4] 任长春，舒平生. 智能制造概论[M]. 北京：机械工业出版社，2018.

[5] 黄培. MES选型与实施指南[M]. 北京：机械工业出版社，2018.

[6] 朱海平. 数字化与智能化车间[M]. 北京：清华大学出版社，2017.